DU MÊME AUTEUR

Aux Éditions Gallimard

MON MICHAËL
UN JUSTE REPOS
TOUCHER L'EAU, TOUCHER LE VENT
LA BOÎTE NOIRE
SEULE LA MER
AIDEZ-NOUS À DIVORCER !
LES DEUX MORTS DE MA GRAND-MÈRE
UNE HISTOIRE D'AMOUR ET DE TÉNÈBRES
UNE PANTHÈRE DANS LA CAVE
AILLEURS PEUT-ÊTRE
COMMENT GUÉRIR UN FANATIQUE
VIE ET MORT EN QUATRE RIMES
SCÈNES DE VIE VILLAGEOISE
ENTRE AMIS
JUIFS PAR LES MOTS avec Fania Oz-Salzberger
JUDAS

Aux Éditions Gallimard Jeunesse

SOUDAIN DANS LA FORÊT PROFONDE (Édition illustrée)

Aux Éditions Calmann-Lévy

JUSQU'À LA MORT
LA COLLINE DU MAUVAIS CONSEIL
CONNAÎTRE UNE FEMME
L'HISTOIRE COMMENCE

CHERS FANATIQUES

AMOS OZ

CHERS FANATIQUES

TROIS RÉFLEXIONS

Traduit de l'hébreu
par Sylvie Cohen

nrf

GALLIMARD

Titre original :

SHALOM LA-KANA'IM

À mes petits-enfants, Dean, Nadav, Alon et Yaël,
avec tout mon amour et mon estime.
Ce recueil vous est spécialement dédié.

AVANT-PROPOS

Ces trois articles n'ont pas été rédigés par un expert ni un spécialiste, mais par un auteur dont l'engagement s'accompagne de sentiments mitigés.

Le dénominateur commun est un point de vue personnel sur des sujets polémiques dont, à mon sens, certains soulèvent des questions existentielles.

Précisons que ce recueil n'a pas la prétention d'exposer en détail chaque aspect de la controverse, ni d'offrir un panorama exhaustif, encore moins d'avoir le dernier mot, mais surtout de retenir l'attention de ceux qui pensent autrement.

AMOS OZ

Chers fanatiques[1]

Comment guérir un fanatique ? Poursuivre une bande d'intégristes armés dans les montagnes d'Afghanistan, le désert irakien ou les villes syriennes est une chose, lutter contre le fanatisme en est une autre. Je ne sais toujours pas comment attraper des extrémistes dans les montagnes ou dans le désert, ni le mode d'emploi pour les traquer sur Internet, mais voici quelques réflexions sur la nature du fanatisme et les moyens de l'endiguer.

L'attaque des tours jumelles à New York le 11 septembre 2001, ainsi que les dizaines d'attentats perpétrés dans les centres-villes et les zones les plus peuplées de la planète ne procèdent pas de la résistance de la pauvreté contre la richesse. L'inégalité

1. Les textes rassemblés ici s'inspirent de trois conférences prononcées à l'université de Tübingen (Allemagne) en 2002 et publiées dans un bref recueil intitulé : *How to Cure a Fanatic*, traduit en une vingtaine de langues. Cet article a ensuite été remanié, augmenté et actualisé pour sa première publication en hébreu. (*Sauf mention contraire, toutes les notes sont de l'auteur.*)

entre riches et pauvres est vieille comme le monde, mais la nouvelle vague de violence n'est pas seulement, ni fondamentalement, une réaction à cet état de choses. Si tel était le cas, l'on aurait pu s'attendre à des attaques venues des pays africains – les plus déshérités – contre l'Arabie saoudite et les Émirats arabes unis – les plus riches de la planète.

Il s'agit d'une guerre entre des fanatiques convaincus que la fin justifie n'importe quel moyen et ceux qui estiment que la vie est une fin et non un moyen. C'est le combat de ceux qui croient que la justice, quelle que soit l'acception qu'ils donnent à ce terme, compte davantage que l'existence, et ceux pour qui la vie prend le pas sur d'autres valeurs.

Depuis que Samuel Huntington a défini le champ de bataille mondial actuel comme un « choc de civilisations » entre l'islam et l'Occident, la pensée dominante offre une vision du monde raciste, caractérisée par la confrontation entre des « sauvages terroristes » orientaux et des Occidentaux « civilisés ». Telle n'était pas la thèse de Huntington, mais c'est le sentiment répandu qui découle de ses écrits.

Le gouvernement israélien, par exemple, trouve très commode de s'appuyer sur cette version mauvais western qui lui permet d'assimiler la lutte du peuple palestinien pour se libérer de l'occupation israélienne à un cloaque nauséabond d'où des assassins musulmans fanatiques surgissent à jet continu afin de commettre des atrocités à travers le monde.

On oublie souvent que l'islam radical n'a pas le

monopole du fanatisme violent : la destruction du World Trade Center à New York et les massacres qui se perpétuent un peu partout sur la planète n'ont peut-être rien à voir avec les questions suivantes : l'Occident est-il bon ou mauvais ? La mondialisation est-elle une bénédiction ou un monstre hideux ? Le capitalisme est-il méprisable ou coule-t-il de source ? La laïcité et l'hédonisme sont-ils un esclavage ou une libération ? Assiste-t-on au déclin ou à la métamorphose du colonialisme occidental ? Les réponses à ces questions sont variées, parfois contradictoires, sans aucun relent de fanatisme. L'extrémiste ne discute pas. S'il réprouve la conduite de tel ou tel individu, ou s'il la trouve odieuse aux yeux de Dieu, il juge de son devoir d'éliminer cette abomination, fût-ce en tuant quiconque se trouve à proximité.

*

Le fanatisme est bien antérieur à l'islam, au christianisme, au judaïsme et à toutes les autres idéologies universelles. C'est une constante de la nature humaine, un « gène déficient » : entre les criminels qui rasent les dispensaires pratiquant l'avortement, ceux qui tuent des migrants en Europe, des femmes et des enfants juifs en Israël, qui brûlent une maison habitée par une famille palestinienne, les parents ainsi que leurs enfants, dans les territoires occupés, qui profanent des synagogues, des églises, des mosquées, des cimetières, et entre al-Qaida ou bien Daech, il y a une différence de degré sinon de nature. Aujourd'hui, il est d'usage d'évoquer des « crimes haineux », mais peut-être faudrait-il être plus précis et parler de « crimes fanatiques », commis quasi quotidiennement, y compris contre des musulmans.

Le génocide, le djihad, les croisades, l'Inquisition, les goulags, les camps d'extermination, les chambres à gaz, les salles de torture et les attentats terroristes aveugles ne sont pas nouveaux, presque tous ayant précédé de plusieurs siècles la montée de l'islam radical.

Plus les questions sont ardues et complexes, plus on aspire à des réponses simples, des formules désignant sans hésitation les responsables de nos souffrances, avec l'assurance qu'il suffirait de liquider les méchants pour que nos maux disparaissent sur-le-champ.

« C'est la faute de la globalisation, des musulmans, de la dissolution des mœurs, de l'Occident, du sionisme, des migrants, de la laïcité, des gauchistes ! » Il ne reste plus qu'à biffer les mentions inutiles, entourer celui que l'on considère comme le diable et le détruire (ainsi que tout ce qui tourne autour) pour s'ouvrir définitivement les portes du paradis.

Un sentiment de profonde indignation se généralise dans l'opinion publique : un dégoût subversif du « discours hégémonique », la répulsion de l'Occident pour l'Orient, l'hostilité de l'Orient pour l'Occident, la répugnance des laïcs pour les croyants, l'aversion des religieux pour les laïcs, une haine généralisée, viscérale, qui enfle comme une nausée depuis les bas-fonds de la misère. C'est l'une des composantes du fanatisme sous quelque forme que ce soit.

Apparu il y a un demi-siècle comme une idée novatrice et stimulante, le concept de multiculturalisme et de politique identitaire s'est vite mué un peu partout en une politique de haine identitaire : l'horizon culturel et émotionnel a d'abord décuplé avant de régresser pour déboucher sur l'isolationnisme et le rejet de l'autre : en bref, une nouvelle vague de haine et de fanatisme nous a assaillis de tous côtés.

*

Mon enfance passée à Jérusalem a sans doute fait de moi un expert en fanatisme comparé. Dans les années 1940, des esprits ouverts et de belles âmes peuplaient la ville. Mais elle comptait aussi une multitude de prophètes, de sauveurs et de messies autoproclamés. Aujourd'hui encore, tout Hiérosolymitain qui se respecte possède sa formule personnelle de rédemption instantanée. Beaucoup ont adopté les paroles d'une vieille chanson sioniste : « Nous sommes venus à Jérusalem pour l'élever et être relevés par elle. » En réalité, il en est d'autres, juifs, musulmans, chrétiens, révolutionnaires, radicaux et rédempteurs de tout acabit, qui sont venus plutôt pour « crucifier ou s'y faire crucifier ».

Il existe une maladie mentale bien connue appelée le « syndrome de Jérusalem » : il suffit de respirer l'air frais des collines, « pur comme le vin », pour incendier une mosquée, faire sauter une église, détruire une synagogue, tuer des infidèles ou des croyants, « éradiquer le mal du monde ». En général, les personnes atteintes de ce syndrome se juchent sur une pierre dans le plus simple appareil et se mettent à vaticiner.

Même si presque personne ne les écoute, ces pseudo-prophètes sont nombreux, toutes obédiences confondues. Leur dénominateur commun est la volonté de forger une formule simple de salut, voire de débarrasser le monde des méchants afin de hâter la rédemption. Laquelle rédemption, pour la plupart de ces prophètes, s'énonce en termes succincts.

*

Dans ma jeunesse à Jérusalem, j'étais moi aussi un petit fanatique sioniste nationaliste, droit dans ses bottes, enthousiaste et décérébré, sourd à tout discours autre que celui du sionisme pur et dur que la plupart des adultes nous inculquaient à l'époque. J'étais imperméable aux arguments qui contestaient ce récit. Comme tous les gamins de Kerem Avraham, le quartier où j'habitais, je lançais des pierres contre les véhicules britanniques qui patrouillaient dans notre petite rue. En même temps, on leur criait : « *British go home !!!!* », pratiquement les seuls mots anglais que nous connaissions. Ces événements se déroulaient en 1946 ou en 1947, à la fin de la Palestine mandataire, pendant l'Intifada originelle – la nôtre, celle des Juifs, contre l'occupation anglaise.

Voilà, semble-t-il, un autre exemple de l'ironie de l'histoire.

*

Dans l'un de mes romans, *Une panthère dans la cave*, j'ai raconté dans quelles circonstances, enfant, j'avais brusquement découvert que le monde est parfois ambivalent et que, dans certains conflits, tout n'est pas noir ou blanc. Au cours de la dernière année du mandat britannique – j'avais environ huit ans – je m'étais lié d'amitié avec un policier anglais qui parlait l'hébreu biblique et connaissait presque tout l'Ancien Testament par cœur : un homme replet, asthmatique, émotif, un peu déboussolé sur les bords et croyant avec ferveur que le retour du peuple juif sur sa terre ancestrale annonçait la rédemption du monde entier. Mes camarades eurent vent de cette relation et m'accusèrent de trahison. Plus tard, je me suis consolé en me disant que, pour les fanatiques, le traître est celui qui aspire à évoluer. Les extrémistes, quels qu'ils soient, en tout lieu et en tout temps, haïssent le changement, ils en ont peur et le soupçonnent d'être synonyme d'une trahison fondée sur des motifs obscurs et triviaux.

Au début d'*Une panthère dans la cave*, le narrateur, un jeune sioniste fanatisé et épris de justice, a la surprise de découvrir le sens du relatif en deux semaines environ. Du coup, il perd son innocence, mais en contrepartie, il entrevoit la profondeur du monde et a l'intuition de la féminité. Et comme si cela ne suffisait pas, l'enfant de mon récit acquiert une certaine compétence en matière de fanatisme comparé. Il constate que, souvent, la haine aveugle gomme les différences entre les deux camps antagonistes.

Le terme «fanatisme comparé» n'est pas une boutade : peut-être serait-il d'ailleurs grand temps que chaque université, chaque école, chaque institution scolaire dispense deux ou trois cours dans cette discipline, car le fanatisme sévit chez nous, en Israël, comme aux quatre coins du monde. Et il ne s'agit pas seulement de l'islam radical : en ce moment même, des déferlantes de fondamentalisme religieux chrétien envahissent différents points du globe (les États-Unis, la Russie et certains pays d'Europe orientale), des vagues troubles de fondamentalisme religieux juif, de nationalisme séparatiste et xénophobe en Europe de l'Ouest et de l'Est, tandis qu'une montée du racisme affecte des sociétés de plus en plus nombreuses.

L'une des causes de cette flambée de fanatisme est peut-être la quête de solutions simples et lapidaires, d'une rédemption instantanée. Une autre raison est la distance grandissante qui nous sépare des horreurs de la première moitié du XXe siècle : à leur insu, Staline et Hitler ont transmis aux deux ou trois générations suivantes la hantise de l'extrémisme et une certaine maîtrise des pulsions fanatiques. Durant plusieurs décennies, grâce aux pires assassins du XXe siècle, les racistes avaient un peu honte de l'être, ceux qui débordaient de haine mettaient de l'eau dans leur vin, et les réformateurs fanatiques étaient plus circonspects en matière de révolution. Pas partout, toutefois.

Depuis quelques années, c'est à croire que le «cadeau» de Staline, d'Hitler ou des militaristes japonais arrive à la date de péremption. L'effet du vaccin partiel que l'on nous a injecté s'estompe. La haine, le fanatisme, la xénophobie, les crimes commis au nom de la révolution, l'envie d'«écrabouiller une bonne fois les méchants dans un bain de sang» – tout cela relève de nouveau la tête.

*

Le fanatisme n'est pas l'apanage d'al-Qaida, de Daech, du Front al-Nosra, du Hamas, du Hezbollah, des néonazis, des antisémites, des partisans de la «suprématie blanche», des islamophobes, du Ku Klux Klan, des «voyous des collines» israéliens et autres adeptes de l'effusion de sang pour imposer leurs croyances. Ces fanatiques et consorts nous sont familiers. Ils sont visibles. On les voit chaque jour à la télévision, l'invective à la bouche, brandissant le poing devant les caméras en scandant des slogans tonitruants. Il y a quelques années, ma fille Galia a réalisé un documentaire diffusé sur la première chaîne : un portrait approfondi et terrifiant des racines et des manifestations du fanatisme dans le mouvement clandestin des colons.

Mais il existe des formes de fanatisme moins flagrantes, partout autour de nous et parfois même en nous. Dans nos sociétés normatives ou chez des personnes de notre connaissance, il peut revêtir au quotidien une apparence plus paisible, pas forcément violente. Des non-fumeurs endurcis, par exemple, seraient capables de vous brûler vifs si vous allumiez une cigarette en leur présence. Des végétariens et autres végans vous dévoreraient tout crus s'ils vous voyaient manger de la viande. Certains de mes camarades du mouvement « La paix maintenant » me vouent aux gémonies sous prétexte que mes positions diffèrent des leurs à propos du processus de paix avec les Palestiniens.

Cela ne veut pas dire, bien sûr, que l'on est automatiquement un fanatique si l'on s'élève contre ceci ou cela ou si l'on s'indigne contre l'injustice. Avoir des idées bien arrêtées ne signifie pas pour autant que l'on ait sombré dans le fanatisme. Même si l'on exprime ses opinions et ses sentiments à grand bruit. Ce n'est pas le niveau de décibels qui caractérise un fanatique, mais plutôt sa tolérance ou son manque de tolérance envers la parole de ses adversaires.

En effet, le germe visible, ou latent, du fanatisme se cache souvent derrière diverses manifestations de dogmatisme intransigeant, d'insensibilité, voire d'hostilité envers des positions que l'on juge inacceptables. Le sectarisme borné, centré sur lui-même, la certitude d'avoir raison est probablement le symptôme de cette maladie, ainsi que les postures provenant des sources troubles du mépris et de l'exécration, abstraction faite de tout autre sentiment. (L'aversion n'est pas répréhensible en soi : dans les œuvres de Shakespeare, Dostoïevski, Brecht, Bialik, Brenner et Hanoch Levin, elle revêt une dimension exacerbée, passionnelle, quoique non exclusive ; chez ces grands auteurs, elle s'accompagne de toute une palette d'émotions, telles que la compréhension, la compassion, la nostalgie, l'humour, voire une bonne dose d'empathie.)

*

Il existe de multiples degrés du mal dans le monde. La distinction entre les formes du mal est sans doute la première responsabilité qui nous incombe à nous, tous autant que nous sommes. Un enfant sait que la méchanceté est mauvaise et honteuse, tandis que son contraire, la compassion, est estimable. C'est là un principe moral simple. La distinction la plus essentielle, la plus complexe, est celle qui existe entre les différentes nuances de gris, les divers niveaux du mal. Les écologistes militants, par exemple, ou les opposants à la mondialisation peuvent se muer en fanatiques violents. Mais ils causeront infiniment moins de dommages qu'un fanatique qui commet un attentat terroriste à grande échelle. Et même les crimes des fanatiques terroristes n'ont rien à voir avec ceux des épurateurs ethniques ou des génocidaires.

Ceux qui refusent ou sont incapables de catégoriser le mal peuvent en devenir les esclaves. Ceux qui « mettent dans le même panier » l'apartheid, le colonialisme, Daech, le sionisme, le politiquement incorrect, les chambres à gaz, le sexisme, les plus grandes fortunes de la planète et la pollution de l'air servent le mal par leur refus même de le catégoriser.

Le fanatisme prône une vision manichéenne du monde en noir et blanc, une sorte de western simpliste où s'affrontent les gentils et les méchants. Le fanatique ne sait compter que jusqu'à un. En même temps, et sans contradiction aucune, il a une certaine propension à un sentimentalisme doux-amer, un mélange de rage et d'auto-apitoiement. Il ou elle préfère «ressentir» plutôt que réfléchir. La mort – la sienne ou celle d'autrui – l'enthousiasme et excite son imagination. Souvent, il juge ce monde méprisable et répugnant, et aspire à le quitter au plus vite (en compagnie d'une foule d'anonymes la plus nombreuse possible). Le fanatique aspire à substituer à ce monde mauvais un «monde meilleur», le «monde futur» (avec ou sans les soixante-douze vierges qui l'attendent au paradis en récompense de son sacrifice). Pour lui, cet au-delà est souvent le royaume du kitsch le plus édulcoré.

*

Le conformisme, rentrer dans le rang, obéir au doigt et à l'œil, la tentation communément répandue de se fondre dans la masse constituent le fondement de l'âme fanatique. Dans l'excellent film des Monty Python, *La vie de Brian*, le héros éponyme devenu le nouveau sauveur du monde s'adresse ainsi à ses disciples : «Vous êtes tous uniques ! » et la foule de répondre en chœur : « Oui ! Nous sommes tous uniques ! » «Vous êtes tous différents ! » poursuit-il. « Oui ! Nous sommes tous différents ! » rugit la populace, sauf une petite voix qui s'insurge : « Pas moi ! »

L'envie de faire comme tout le monde et de suivre la majorité représente un terreau fertile pour les fanatiques, de même que le culte de la personnalité, l'idéalisation des leaders religieux et politiques, la fascination qu'exercent les stars du show-business et du sport.

Bien sûr, il y a loin entre la vénération béate de la tyrannie assoiffée de sang, l'adhésion aveugle aux idéologies destructrices ou au chauvinisme agressif et haineux, et l'idolâtrie enthousiaste et puérile des célébrités. Il y a peut-être malgré tout un dénominateur commun : l'adorateur sacrifie sa propre identité. Il aspire à communier avec la foule des autres thuriféraires avec l'intention de s'y perdre et de s'unir aux faits et gestes de l'objet du culte. Dans les deux cas, l'adorateur exalté est subjugué par un système sophistiqué de propagande et d'endoctrinement, un système qui s'adresse intentionnellement à l'élément puéril de l'esprit humain, lequel aspire à fusionner, retourner dans la chaleur du sein maternel, redevenir une minuscule cellule à l'intérieur d'un corps immense, solide et protecteur – la nation, l'Église, le mouvement, le parti, les fans d'une équipe, les groupies –, appartenir, se serrer dans la foule sous les ailes déployées d'un père, ce géant, un héros admiré, une déesse de beauté, une célébrité glamour, auxquels leurs adorateurs confient leurs espoirs, leurs rêves, voire leur libre arbitre.

*

L'infantilisation croissante des populations partout dans le monde n'est pas un hasard : certains y trouvent leur intérêt et d'autres en tirent profit pour assouvir leur soif de pouvoir ou pour s'enrichir. Les annonceurs, et ceux qui les financent, s'évertuent à nous faire redevenir des gamins pourris gâtés, des consommateurs faciles à manipuler.

La frontière entre la politique et le show-business s'estompe sous nos yeux. Le monde se transforme en un «jardin d'enfants planétaire». Les qualités d'un candidat à l'élection sont presque contradictoires avec celles d'un leader. La politique et les médias sont devenus une branche de l'industrie du spectacle : comme dans la Rome antique, chaque jour, les médias jettent en pâture aux lions deux ou trois célébrités, innocentes ou coupables, dans le but de divertir les masses, les distraire et leur soutirer de l'argent.

De plus en plus d'électeurs votent pour le candidat capable de les galvaniser, de les amuser, d'enfreindre les règles du jeu. On vote parce que c'est cool, pour le plaisir ou pour le fun. L'expression «c'est ouf» est à notre époque un aimable compliment, de même que «c'est dingue», «c'est super», «c'est top», «c'est trop» ou «c'est énorme».

Rien à voir avec la solennité lugubre des fanatiques qui défilent trois par trois, les yeux fermés, au son du tambour d'un chef charismatique. Pourtant, la différence n'est qu'apparente : le fanatique est peut-être mortellement sérieux, mais les ados attardés sont tout aussi enclins à renoncer à une existence riche et diversifiée pour se gaver de la malbouffe servie par ceux qui leur bourrent le crâne afin de les abuser. Les manifestants, comme les petits plaisantins, s'affranchissent allègrement de leur liberté de penser, de réfléchir et d'opter pour un éventail de possibilités multiples et variées.

*

L'une des principales caractéristiques du fanatique est sa propension à vous modeler à son image. Il veut vous convertir sur-le-champ, vous persuader de quitter votre monde et d'adopter le sien. Le fanatique aspire à abolir les différences afin que vous fusionniez avec lui. Il rêve d'un monde sans rideaux, sans stores, sans verrous aux portes, sans l'ombre d'une vie privée, car nous devons former un seul corps et une âme unique. Il nous faut défiler en rangs d'oignons sur le chemin qui mène à l'aube de la rédemption (ou à son contraire).

*

Le fanatique s'efforce de nous améliorer, nous régénérer, nous ouvrir les yeux afin que nous puissions voir la lumière à notre tour. Sous cet angle, en effet, il est incroyablement altruiste et désintéressé : il se soucie beaucoup plus de nous que de lui-même. Jour et nuit, il cherche à racheter notre âme, nous libérer, nous délivrer des ténèbres pour nous faire pénétrer dans la lumière, nous racheter une fois pour toutes de l'erreur et du péché. Il nous serre sur son cœur, animé d'une sainte colère mêlée de l'huile d'olive la plus pure, malade d'inquiétude à notre sujet, débordant de bonne volonté pour modifier notre façon de prier (ou l'absence de celle-ci), de voter, nous sevrer du tabac, modifier nos habitudes alimentaires, nos préférences ou notre style de vie, extrêmement nocif pour la santé. Le fanatique ne désire rien tant que nous tirer du trou miteux où nous végétons dans le but de nous installer dans le lieu sublime où il se prélasse et où il nous enjoint de le rejoindre séance tenante. Pour notre bien.

*

Le fanatique nous sautera au cou pour nous sauver parce qu'il nous aime. D'un amour inconditionnel. Mais, à l'inverse, il pourrait nous trancher la gorge s'il découvre que nous sommes une cause perdue, désespérée. Auquel cas, il nous détestera et se débarrassera de nous, à son grand regret. (Anatomiquement parlant d'ailleurs, le geste est presque le même.)

Le fanatique s'intéresse plus à nous qu'à lui-même pour la simple raison qu'il n'a guère de personnalité. C'est un personnage public à cent pour cent. Il n'a pas de vie privée. Et quand c'est le cas, il préfère la fuir. Selon la définition de Winston Churchill, «le fanatique est celui qui ne peut pas changer d'avis et ne veut pas changer de sujet».

*

Les fanatiques religieux et les extrémistes idéologiques toutes tendances confondues commettent des crimes horribles pas seulement parce qu'ils abhorrent les hérétiques, l'Occident, les musulmans, les gauchistes, les sionistes ou les LGBTQ. Ils versent le sang afin de sauver le monde, les infidèles aussi. Pour les soustraire aux profondeurs de leur impiété. Pour nous ramener tous sur le droit chemin. Pour nous affranchir définitivement, par le feu et le sang, de notre détestable système de valeurs.

Pour un musulman fanatique, par exemple, le matérialisme est une maladie mentale, la permissivité, un phénomène bestial, la dépendance aux gadgets, une perversion méprisable, de même que la libération des femmes, la tolérance envers les différentes identités sexuelles, ou encore l'addiction aux drogues, à la pornographie, ce qui irritera Dieu et, en plus, détruira la vie de ceux qui sont accros. La démocratie décadente, le pluralisme répugnant, la liberté d'expression scandaleuse – aux yeux des musulmans intégristes et autres fondamentalistes religieux – représentent des tentations sataniques, incitant à transgresser les lois divines. Les guerriers fanatiques ont été envoyés par Dieu pour nettoyer le monde, nous purifier de la souillure qui nous colle à la peau. Leur préoccupation première est de dessiller les yeux des « croyants tièdes » qui osent transiger avec leur réalité corrompue, trahissant ainsi Dieu et la foi. Pour les fanatiques musulmans, comme pour les autres intégristes religieux, le seul remède à toutes les maladies humaines est de suivre les préceptes de la religion au pied de la lettre.

Outre les extrémistes, il existe des fanatiques qui s'efforcent de transformer notre humanité déboussolée pour la sauver d'elle-même, incluant les réformateurs du monde et les révolutionnaires violents.

Le fanatique est convaincu qu'il ne suffit pas d'infliger des coups sanglants aux « infidèles » et aux « hérétiques ». Les passages à tabac ne sont qu'une étape regrettable, mais nécessaire, sur le seul et unique chemin qui mène à la foi et au salut. En bref, Daech vous aime d'un amour profond. Al-Qaida s'évertue à vous préserver de la déchéance morale. Le Ku Klux Klan, Lehava (une organisation d'extrême droite israélienne opposée à l'« assimilation » des Juifs), ou les bandes de jeunes voyous des collines s'exposent au danger, voire se sacrifient non pas pour eux-mêmes, mais pour vous, pour votre salut, même si vous êtes encore aveuglés et ne voyez pas ce qui est bon pour vous. Ils ont été envoyés par Dieu, ou par l'idéologie, pour vous lancer une bouée de sauvetage. Si vous refusez de l'attraper, ils n'hésiteront pas à utiliser la manière forte. Le temps viendra où vos yeux s'ouvriront et où vous verrez la lumière. Ce jour-là, éperdus de reconnaissance, vous tomberez à genoux et vous les remercierez de vous avoir sauvés de vous-même, car le fanatique se considère comme un parent et vous, pour employer un terme talmudique, comme un «enfant ignorant».

*

La maladie débute souvent par des symptômes anodins au sein de la famille (pas de décapitations, de voitures piégées ni de victimes brûlées vives). Le fanatisme commence à la maison. Ses manifestations, discrètes et connues de tous, découlent de l'envie de changer ceux qu'on aime – ses enfants, ses frères et sœurs, son conjoint, ses voisins – pour leur bien. On éprouve le besoin de se sacrifier pour eux, surtout quand ils manquent de discernement et ne se rendent pas compte du mal qu'ils s'infligent chaque jour. «Ressemble-moi.» «Imite-moi.» Ces phrases quotidiennes renferment souvent un substrat de fanatisme.

Le fanatisme procède également du besoin de vivre par procuration l'existence d'un prophète, d'un faiseur de miracles, d'un leader politique, d'une reine de beauté, d'un artiste célèbre ou d'un athlète de haut niveau. Dans des cas extrêmes, cela peut même aller jusqu'au désir de s'effacer complètement (voire de supprimer son prochain) pour gagner la bénédiction ou la reconnaissance de ses héros.

Parfois, le fanatisme emprunte un autre canal : «Nous sommes prêts à nous sacrifier pour l'avenir de nos enfants », « des générations futures », « pour hâter la venue du Messie », « réformer le monde », « plaire à Dieu », « pour la rédemption » (quelle qu'elle soit). Souvent, quand ses parents « se sont sacrifiés pour lui », l'enfant est hanté par le remords jusqu'à la fin de ses jours. Si je devais trancher entre les deux mères juives de la fameuse blague, celle qui dit : « Je te tue si tu ne finis pas ton petit déjeuner », ou celle qui déclare : « Termine ton petit déjeuner ou je me tue ! », des deux maux, je choisirais le moindre, c'est-à-dire que je préférerais mourir sans terminer mon petit déjeuner. L'abnégation n'incarne pas toujours l'effacement de soi en faveur de quelque chose de plus précieux. Parfois le sacrifice de soi peut se révéler être une arme affûtée dont se sert le fanatique à des fins émotionnelles destructrices.

En outre, les futurs candidats au sacrifice n'éprouveront aucune difficulté à sacrifier autrui.

*

Un grand écrivain israélien, Sami Michael, a raconté ce qui lui était arrivé lors d'un long trajet en taxi. À un moment donné, le chauffeur lui expliqua qu'il était essentiel, vital pour nous, les Juifs, de « tuer tous les Arabes ». Sami Michael l'écouta sans l'interrompre, sans exploser, s'indigner ni exprimer de dégoût.

— Et qui, selon vous, devrait tuer tous les Arabes ? questionna-t-il innocemment.

— Pardi, nous, les Juifs ! Obligé ! C'est eux ou nous ! Regardez ce qu'ils nous font tous les jours !

— Mais qui, au juste, devrait s'en charger ? L'armée ? La police ? Les pompiers, peut-être ? Ou des médecins en blouse blanche armés de seringues ?

L'autre se gratta la tête.

— Je pense qu'on devrait se partager équitablement le boulot. Chaque Juif devra tuer une poignée d'Arabes.

— D'accord, rétorqua Sami Michael qui n'en démordait pas. Supposons que vous soyez chargé d'un immeuble à Haïfa, où vous habitez. Vous frappez à la porte, ou bien vous sonnez, et quand on vous ouvre, vous demandez poliment : « Excusez-moi, êtes-vous arabe ? » Si la réponse est oui, vous tirez. Une fois votre tournée achevée, au moment de rentrer chez vous, vous entendez un bébé pleurer au dernier étage. Qu'allez-vous faire ? Remonter pour l'abattre ? Oui ou non ?

— Vous alors, vous êtes dur, commenta le chauffeur après un silence.

Cette anecdote révèle la confusion régnant dans l'esprit du fanatique : un mélange d'intransigeance et de sentimentalisme dénué d'imagination. Grâce au bébé, Sami Michael a forcé l'homme assis derrière son volant à se servir de son imagination en jouant sur la corde sensible. Ce dernier, qui aime les enfants, s'est senti ébranlé, vexé et furieux contre ce client qui le poussait dans ses derniers retranchements, l'obligeant à concrétiser par une image horrible le slogan abstrait : « Mort aux Arabes ! » Mais la colère du chauffeur renferme peut-être une faible lueur d'espoir : si le fanatique est contraint à visualiser le slogan, à imaginer des détails horribles et à se retrouver dans la peau d'un bourreau d'enfants, il est possible qu'il éprouve une certaine gêne. Une légère hésitation. Et une minuscule lézarde se formerait alors dans le mur de l'insensibilité.

Certes, ce n'est pas la panacée. Néanmoins, il se pourrait qu'éveiller l'imagination, assister aux souffrances des victimes serve d'antidote à la brutalité abstraite de slogans tels que « Mort aux Arabes ! », « Mort aux Juifs ! » ou « Mort aux fanatiques ! ». Liquider les Arabes est beaucoup plus facile que tuer un petit enfant arabe, qui vous attrape par la jambe en suppliant de lui donner à boire car il a soif.

*

La curiosité et l'imagination seraient susceptibles, dans une certaine mesure, d'immuniser contre le fanatisme. Le récit de Sami Michael qui a, semble-t-il, provisoirement réussi à déstabiliser le chauffeur partisan du massacre de tous les Arabes prouve que le fanatique aurait apparemment du mal à se représenter les atrocités qu'il se proposait joyeusement de commettre. Le slogan ne le dérange pas tant qu'il n'est pas contraint de le transposer en hurlements, supplications, râles d'agonie, flaques de sang, morceaux de cervelle éparpillés sur la chaussée. Certes, il existe dans le monde des sadiques que les violences et les corps démembrés en gros plan excitent. Cela dit, tous ne sont pas motivés par le sadisme, mais par de nobles idéaux, une quête de rédemption, de réparation du monde, avec pour corollaire « liquider les méchants ».

Si le slogan « Il faut anéantir tous les méchants » s'incarnait en souffrances tangibles, en tortures effroyables, insoutenables, serait-ce suffisant pour faire vaciller certains fanatiques, ceux du moins qui ne sont pas des pervers sadiques ?

Imaginer le monde intérieur, intellectuel et affectif de l'autre. Faire preuve d'imagination même en période de conflit. En user aussi, surtout, quand nous sommes en proie à la colère, à l'humiliation, à la haine, quand nous sommes sûrs de notre bon droit, que nous avons la certitude d'avoir raison et que l'autre a tort. Peut-être pourrait-on également se poser la question suivante : « Et si j'étais elle ? Ou lui ? Ou eux ? » Se mettre à la place d'autrui, se glisser dans sa peau, non pour traverser le fleuve et renaître, mais pour comprendre, ressentir ce qu'il y a de l'autre côté, sur l'autre rive. Qu'éprouvent-ils là-bas ? Que se passe-t-il dans leurs têtes ? Quel regard portent-ils sur nous ? Peut-être faudrait-il aussi tenter de sonder la profondeur du fleuve qui nous sépare. Sa largeur. Comment et où construire un pont. La curiosité ne nous conduira pas automatiquement à une morale relative, ni à l'abnégation en faveur d'autrui. Et si nous faisions une formidable découverte ? D'autres fleuves, dont les berges offriraient des panoramas différents, surprenants, époustouflants ? Des paysages sublimes, même s'ils ne nous sont pas a priori destinés et ne sont pas vraiment notre tasse de thé. La curiosité pourrait être, en effet, un préalable à l'ouverture d'esprit et à la tolérance.

*

La curiosité et l'imagination sont liées : le vieux fantasme d'épier derrière les volets clos, de comparer ses petits secrets avec ceux des autres, pourrait servir d'antidote à la pulsion sanguinaire du fanatique : annihiler la différence entre lui et les autres pour les modeler à son image. Ou supprimer quiconque refuserait de changer afin qu'ils se ressemblent comme deux gouttes d'eau.

Les ragots sont probablement les petits cousins de la littérature (même si cette dernière refuserait de les saluer si d'aventure elle les croisait dans la rue, car elle a honte de leur lien de parenté). Les curieux et les imaginatifs rêvent de savoir « ce qu'il se passe chez les autres ». Cette aspiration peut être satisfaite dans sa forme la plus triviale, la plus banale, par des ragots, ou s'accomplir d'une manière plus raffinée et complexe par le biais de l'art. Les potins comme la littérature, chacun à sa manière, pourraient fournir un antidote partiel au fanatisme, car les deux se délectent des différences fascinantes qui existent entre les êtres.

*

Outre la curiosité et l'imagination, une bonne dose d'humour, d'autodérision, serait également propre à préserver du fanatisme. Nathan Alterman illustre éloquemment cette idée dans un poème : « Éloge de la légèreté ».

Là se trouve une épice plus merveilleuse que le sel :
Ne pas se prendre au sérieux.
Nos belles paroles seront vaines
À moins qu'entre les lignes ne luise
L'esquisse d'un sourire espiègle.

(Plus loin, le poète encense la légèreté :)

Les ennuis que tu crées sont négligeables,
Au vu des hauts faits accomplis, jour après jour,
Par l'éternelle vanité du sot.

*

Je n'ai jamais vu un fanatique posséder le sens de l'humour, ni quelqu'un qui en est doté devenir fanatique. (Les extrémistes ont souvent le sarcasme à la bouche, mais il ne s'agit pas d'humour.) L'humour suppose un pas de côté qui, l'espace d'un instant, permet de changer d'optique. Ou de se voir soi-même à travers le prisme des autres. Cette légère distorsion nous invite à minimiser les choses, comme un ballon qui se dégonfle, y compris sa propre importance. De plus, l'humour implique le sens du relatif, la dévalorisation du sublime (même au prix d'une grossière exagération). Vous aurez beau être le meilleur des hommes, juste et blanc comme neige, il se pourrait que vous tombiez l'espace d'un instant sur un diablotin, un petit clown démoniaque qui vous lancera une œillade furtive en se gaussant de votre scrupuleuse probité, votre pureté absolue, votre sainteté, votre intégrité, déstabilisant quelque peu la personne toute gonflée de son importance que vous êtes.

Si nous trouvions le moyen d'encapsuler l'humour, ou mieux l'autodérision, dans une pilule, ou un cachet, et de la distribuer aux populations pour les protéger de l'épidémie de fanatisme – pourrions-nous prétendre au prix Nobel de médecine ?

On risque toutefois de tomber facilement dans le piège : l'idée de mettre le sens de l'humour dans un comprimé et de le prescrire pour guérir les gens de leurs maux – cette idée est déjà entachée de fanatisme, car ce traitement est censé transformer les êtres humains pour leur bien. Nos pilules d'humour partent de l'hypothèse que quelqu'un sait ce qui est bon pour tout le monde, qu'il a le devoir d'ouvrir les yeux et les bouches pour faire gober les médicaments.

L'intolérance est par conséquent contagieuse : on peut l'attraper en essayant de la vaincre ou de la combattre. Les fanatiques de l'antifanatisme sont légion, il n'y a qu'à voir les multiples croisades pour stopper le djihad et autant de djihadistes pour soumettre les nouveaux croisés. Y compris la conviction largement répandue de nos jours, en Israël comme en Occident, selon laquelle il faut porter un coup fatal à tous les fanatiques assoiffés de sang et à leurs semblables. Éradiquer le fanatisme jusqu'à son dernier bastion.

*

Le seul levier capable de freiner la montée de l'islamisme intégriste serait éventuellement l'islam modéré. Cela vaut sans doute aussi pour les extrémistes de diverses religions et croyances. Les fanatiques violents ne doivent pas nous faire oublier que l'écrasante majorité des fidèles dans le monde, musulmans ou autres, pratique une religiosité modérée et répugne à l'usage de la force ou au meurtre.

Comme toutes les formes de fanatisme, l'islam violent ne se résume pas à une bande de fanatiques sadiques et sanguinaires. Il se fonde sur une idée. Une idée âpre, désespérée, dévoyée. Cela dit, il ne faut pas oublier qu'on ne peut presque jamais lutter contre une idée, si tordue soit-elle, à coups de matraque. Il doit y avoir une réponse, une contre-proposition, une croyance plus alléchante, une promesse plus crédible. Je ne suis absolument pas opposé à l'usage de la matraque envers des assassins. Je ne suis pas pacifiste, ni du genre à tendre l'autre joue, et je ne partage pas non plus l'opinion dominante soutenant que la violence est le mal absolu. Pour moi, l'incarnation du mal n'est pas la violence, mais l'agressivité. L'agressivité est la « mère de toute violence ». Et la violence est la manifestation de l'agressivité. Il est indispensable de canaliser l'agressivité à coups de massue, à condition de l'accompagner d'une idée séduisante et convaincante. À défaut de quoi, les fanatiques de tous bords se dépêcheront de combler le vide.

*

Le fanatique est un point d'exclamation ambulant. Pour le contrer, mieux vaudrait éviter de lui en opposer un autre. Combattre les extrémistes ne veut pas dire les anéantir tous, mais plutôt contrôler le petit fanatique qui se cache en nous. Cela signifie en même temps se moquer de nos propres points d'exclamation, faire preuve de curiosité, essayer de regarder par la fenêtre du voisin et, surtout, appréhender le réel depuis cette fenêtre, point de vue nécessairement différent du nôtre.

Le fanatique abhorre les « scénarios à choix multiples ». Peut-être n'en a-t-il d'ailleurs même pas conscience. Il éprouve le besoin pressant de connaître le fin mot de l'histoire ; la conclusion inévitable ; quand nous « bouclerons enfin la boucle ». Seulement, l'histoire, y compris l'histoire personnelle de chacun d'entre nous, n'est généralement pas circulaire, mais linéaire : elle a beau faire des tours et des détours, se recouper, dessiner parfois des boucles, ce n'est quand même pas un cercle. S'immuniser contre le fanatisme implique, entre autres, la volonté d'exister dans des situations ouvertes qui ne tournent pas en rond et ne peuvent pas se régler d'une façon tranchée. Une propension à vivre avec des questions et des options dont les solutions se perdent à l'horizon voilé de brume.

*

Quand j'étais petit garçon, ma grand-mère Shlomit m'avait expliqué la différence entre juifs et chrétiens : « Les chrétiens croient que le Messie est déjà venu et qu'il reviendra un jour. Nous les juifs, nous sommes convaincus que le Messie n'est pas encore venu, mais qu'il viendra un jour. Cette controverse a engendré tant de haine et de violence dans le monde, la persécution des juifs, l'Inquisition, des pogroms, des massacres. Mais pourquoi ? Ne pouvait-on pas simplement attendre la suite des événements ? Si le Messie arrive en disant : "Bonjour, je suis heureux de vous revoir", les juifs devront faire leur mea culpa. Si, a contrario, il déclare : "Comment allez-vous ? Enchanté de vous connaître", alors la chrétienté devra présenter ses excuses aux juifs. D'ici là, il faut vivre et laisser les autres vivre », concluait ma grand-mère. Elle était immunisée contre certaines formes de fanatisme. Elle connaissait le secret des questions en suspens, le charme des situations non résolues, les joies de la diversité, la source de richesse que représente la multiculturalité, les us et coutumes différents.

*

Le fanatisme, je l'ai dit, commence à la maison. De même que son antidote. «Aucun homme n'est une île», a dit merveilleusement John Donne. J'oserais ajouter : Aucun homme n'est une île, mais chacun d'entre nous est une presqu'île. Nous sommes tous pour moitié rattachés au continent, à une famille, une langue, une société, des croyances, des opinions, un État, une nation, etc., tandis que l'autre moitié se tourne face à la mer, aux montagnes, aux éléments intemporels, aux désirs secrets, à la solitude, aux rêves, à la peur et à la mort.

*

Être une presqu'île, c'est ce qui nous correspond le mieux. Les religions, les systèmes idéologiques et politiques nous incitent à fusionner avec le collectif, à renoncer à être une presqu'île, à devenir un grain de sable, une molécule à l'intérieur des blocs de la nation, de la foi, du système. D'un autre côté, des forces d'égale puissance poussent chacun d'entre nous à vivre comme une île déserte, à mener pendant toute notre existence une guerre darwiniste éternelle contre chaque île déserte parce que l'autre, nous dit-on, sera toujours un adversaire, un rival, voire un ennemi : s'il possède quelque chose, c'est à votre détriment, et vice versa.

Être une presqu'île est sans doute la condition qui nous est la mieux adaptée, même si l'objectif des fanatiques est de nous fondre complètement les uns dans les autres jusqu'à ce que nous nous assimilions dans le sein de la nation, de la foi ou du système, que nous n'ayons plus la moindre intimité et soyons résolument engagés au service d'une sainte cause. Et ce, malgré les efforts de certains, qui nous rabâchent que, si nous cessions d'être belliqueux, agressifs et égoïstes, si nous renoncions à l'usage de la force, nous deviendrions faibles, vulnérables, et laisserions les plus forts s'emparer de tout ce que nous possédons.

Dans chaque foyer, chaque famille, chaque association, chaque société, chaque État, dans les rapports humains, les relations entre conjoints, entre parents, nous établissons un contact avec un certain nombre de presqu'îles : proches, parfois même très proches, mais sans être gommés ni assimilés, sans perdre notre identité.

À des degrés divers, nous aspirons tous à influencer nos proches parents et, parfois, ceux qui sont éloignés de nous. Cela n'a rien de répréhensible en soi, à condition de garder à l'esprit qu'il s'agit d'influencer et non de fusionner, de convaincre sans essayer d'imposer un moule aux autres jusqu'à ce qu'ils cessent d'être eux-mêmes pour devenir des clones ou des satellites de nous-mêmes.

Je conclurai par ces quelques vers de Yehuda Amichaï :

Là où nous avons raison
Il ne repoussera jamais plus
De fleurs au printemps.

Là où nous avons raison
Le sol est dur et piétiné
Comme une cour.

Non pas une lumière, mais plusieurs[1]

À la mémoire de mes chers amis
S. Yizhar et Menahem Brinker

Je voudrais soumettre ici quelques réflexions relatives au judaïsme sur un plan culturel, plutôt que religieux ou national. Plus précisément, j'établirai une distinction entre l'histoire ancienne et actuelle, entre le rituel et notre précieux héritage. La nation juive existe sans aucun doute, mais elle se distingue de la plupart des autres en ce que son principe vital ne se transmet pas forcément par les gènes ou les victoires militaires, mais par les livres.

À une époque où l'on nous serine que la morale est relative, que ce qui est vrai en Europe ne l'est pas en

1. Ce texte est tiré d'un essai intitulé *Juifs par les mots*, rédigé à quatre mains avec ma fille Fania Oz-Salzberger (Gallimard, 2014). Il s'inspire également d'une conférence intitulée *A Full Cart and an Empty Cart* prononcée, il y a plusieurs années, à l'université Bar-Ilan et publiée dans une version abrégée in *All Our Hopes* (Keter, 1998). Une autre source provient d'une causerie à l'occasion de Shavouot au domicile des Shenhav, à Tel-Aviv en 2016.

Afrique, que ce qui est moral dans le Sud est immoral en Orient ou en Occident, je pense pour ma part que nul n'ignore ce que signifie la douleur. Toutes les souffrances ne se ressemblent pas, pourtant un être humain normalement constitué agit en connaissance de cause quand il fait du mal à quelqu'un.

Jésus a dit à ses disciples : « Pardonne-leur, car ils ne savent pas ce qu'ils font. » Je suis d'accord avec le premier membre de la phrase, parce que au fond, il est toujours possible de pardonner, mais pas avec la seconde proposition. En affirmant : « ils ne savent pas ce qu'ils font », Jésus considère les humains comme des êtres moralement infantiles qui font le mal sans le savoir. Là-dessus, il se fourvoie et trompe son monde. Quand nous infligeons une souffrance à quelqu'un, même à un chat, nous agissons en connaissance de cause. N'importe quel gamin le sait. La douleur est sans doute le plus grand dénominateur commun à l'humanité. Qui n'en a jamais fait l'expérience ? Peut-être est-elle le point commun à tous les êtres vivants.

La douleur est une grande démocrate. Elle pourrait d'ailleurs être un peu socialiste sur les bords : elle ne fait pas la distinction entre les riches et les pauvres, les forts et les faibles, les puissants et les anonymes, les Juifs et les non-Juifs, les Noirs et les Blancs, les dirigeants et ceux qu'ils gouvernent. Certains, mais pas tous, pourraient bénéficier de circonstances atténuantes. Quoi qu'il en soit, la douleur est probablement l'expérience la plus communément répandue au monde. J'énonce là un simple commandement moral :

«Tu n'infligeras pas la souffrance.» C'est plutôt léger, je sais, et nous n'avons pas encore abordé la justice et la charité, l'intégrité et la compassion, le pluralisme, etc. On aurait du mal à trouver deux juifs du même avis, voire un seul en accord avec lui-même concernant ce qui est primordial ou secondaire, selon quels critères hiérarchiser les valeurs, et qui serait habilité à le faire. Certains des débats les plus enflammés, passés et présents, qui divisent le peuple juif, découlent de leurs désaccords sur la question de la hiérarchisation des valeurs.

Ce n'est pas un hasard si les juifs n'ont pas eu et n'auront jamais de pape. Si quelqu'un se proclamait «le pape des juifs», tout le monde viendrait lui taper sur l'épaule : «Salut, le pape, lui diraient-ils. Vous ne me connaissez pas, ni moi non plus, mais ma grand-mère et votre tante faisaient des affaires ensemble à Minsk, ou à Casablanca, alors accordez-moi cinq minutes pour que je vous explique une bonne fois pour toutes ce que Dieu attend vraiment de nous.»

En chacun de nous se cache un petit guide. Nous sommes une nation de maîtres à penser. Nous aimons enseigner, éclairer, contester, offrir de nouvelles perspectives, contredire ou interpréter autrement. Un climat de tension est souvent propice à la créativité et à un renouveau spirituel. Dans ses bons jours, le judaïsme est la civilisation du doute et de la controverse. Durant des millénaires, les juifs ont accumulé, strate après strate, des textes relatifs à ceux qui les ont précédés et qui, à leur tour, se réfèrent à des sources antérieures. « Se référer » ne signifie pas forcément en rajouter une couche ou un étage supplémentaire : très souvent, le nouveau texte vient ébranler les écrits antérieurs, les présenter sous un jour différent ou suggérer une modification, une amélioration, voire un remplacement.

L'histoire du judaïsme est un jeu séculaire d'interprétation, de réinterprétation et de contre-interprétation. Notamment dans les périodes d'intense créativité propices aux polémiques et aux controverses, en dehors des époques où règnent le culte des saints, l'obéissance aveugle ou l'apprentissage par cœur. Le judaïsme se caractérise alors par un gène anarchiste et virulent, responsable de débats interminables et passionnés. Comment ces questions se règlent-elles ? « Tu ne suivras pas la multitude » (Ex., 23, 2). Cette injonction, ainsi que : « Bien-aimé l'homme, car il a été créé à l'image de Dieu » (Mishna, Avot 3,14), jette un pont de fer entre le judaïsme et la démocratie. Il faut suivre la multitude – autrement dit, adhérer à l'avis de la majorité – non qu'elle ait toujours raison (en fait, elle est souvent dans l'erreur ou corrompue), mais parce que rien ne peut remplacer la décision de la majorité, dès lors qu'elle ne cherche pas à opprimer ou museler la minorité[1].

1. Le commandement « suivre la multitude » a une acception plus restreinte dans la Bible (Ex., 23,2). Cependant, comme il est d'usage dans la tradition juive, on peut et on doit s'inspirer de l'interprétation restrictive pour aboutir à une interprétation plus large.

On ne demande pas à un jeune bar-mitsva : « Qu'as-tu appris à l'école aujourd'hui, mon garçon ? » On ne s'attend pas à ce qu'il recrache ce que ses professeurs lui ont enseigné ou ce qu'il a lu dans les livres. Au contraire : « Propose-nous une idée neuve », lui suggère-t-on, une pensée originale, singulière. Même une interprétation modeste, subsidiaire, marginale, une opinion personnelle découlant de l'étude des textes. De même, on priait un jeune marié le jour de ses noces d'énoncer un *hidouch*, une « trouvaille » – l'interprétation innovante d'un verset ou d'un concept. Voilà, semble-t-il, où réside le génie créatif du judaïsme à travers les âges, sauf aux périodes où il tend à se scléroser. Les juifs ne sont pas des bâtisseurs de pyramides ni de cathédrales magnifiques, ils n'ont pas érigé la muraille de Chine ni le Taj Mahal. Non, ils rédigent des textes qu'ils lisent en famille, à l'occasion des fêtes ou des repas.

*

Une vive polémique oppose les spécialistes quant aux dimensions de Jérusalem, la capitale du royaume de David et de Salomon. D'aucuns affirment qu'on l'appelait « la cité du grand roi », tandis que d'autres soutiennent que c'était un bourg isolé. Certains chercheurs avancent même que la Jérusalem de David et de Salomon n'a jamais existé et qu'il s'agit d'une légende. Le débat est passionnant, mais peut-être est-il moins crucial qu'on ne le croit. Dans le judaïsme comme dans la conscience universelle, Jérusalem est moins un ensemble d'édifices en pierres de taille que la ville des prophètes, des conteurs, des penseurs qui ont révisé les fondements de la morale, la cité des Psaumes, de l'Ecclésiaste, du Cantique des Cantiques.

Mon cher professeur, feu Mordechaï Michaeli, nous avait raconté une histoire quand j'étais élève à Tachkemoni, une école religieuse pour garçons à Jérusalem. Un père d'un certain âge enseigne à son fils : « Pour t'abriter du vent et de la pluie, dresse une tente ou une hutte. Si tu cherches où habiter pour le restant de tes jours, construis-toi une maison en pierre. Si tu veux protéger tes fils et les fils de tes fils qui te succéderont, bâtis une ville fortifiée. Mais si tu souhaites édifier un bâtiment pour les générations futures, écris un livre. » Cette parabole pourrait nous servir d'identité : les livres et les repas de famille. Les livres et les histoires que les parents lisent avec leurs enfants autour de la table festive.

En réalité, les fêtes se ressemblent : « Les méchants voulaient nous tuer, nous avons survécu et maintenant, passons à table. » « Pharaon est venu et reparti, bon appétit ! » Nous avons affronté les Perses à Pourim, les Égyptiens lors de la Pâque, les Romains à Lag Ba'omer, les Anglais et les Arabes le jour de l'Indépendance, les Babyloniens et les Romains à Tisha Be'av, les Grecs à Hanoukka. Certes, à Tou Bichvat, on ne s'est battus contre personne, en revanche, il pleut presque toujours à cette époque de l'année.

Des destructions et des ruines causées par toutes ces guerres, ne subsistent que des livres, des souvenirs, des chants et des récits.

*

Quel est le ciment du judaïsme ? L'essence profonde et explicite du patrimoine juif ? La plus ancienne trace est probablement un ostracon découvert il y a plusieurs années sur le site archéologique de Khirbet Qeiyafa, non loin de Bet Shemesh. Selon le déchiffrement de l'inscription par le professeur Gershon Galil de l'université de Haïfa[1], on lit : « Vous ne devriez pas faire cela, mais adorer l'Éternel. Jugez l'esclave et la veuve. Jugez l'orphelin et l'étranger. Plaidez pour l'enfant. Plaidez pour le pauvre et la veuve. Réhabilitez le pauvre aux yeux du roi. Protégez le pauvre et l'esclave. Soutenez l'étranger. » Ceux qui ont étudié le *Tanakh*, la Bible, dès leur plus jeune âge, pourvu qu'ils l'aient apprise avec amour et sans avoir été endoctrinés, seront touchés par cette inscription, préexistant de plusieurs siècles aux préceptes des prophètes d'Israël. L'idée centrale de ce passage revient à maintes reprises dans la Torah, les prophètes et la tradition juive. Mais cette inscription est probablement bien antérieure. Plus ancienne que la sagesse de la Grèce antique. Plus encore que Rome dans toute sa gloire. Ma fille, Fania Oz-Salzberger, voit dans

1. Cette interprétation est controversée.

ce tesson d'argile un texto d'un nouveau genre, un SMS envoyé depuis le Xᵉ siècle avant Jésus-Christ aux hommes du XXIᵉ siècle de notre ère. Rédigé en hébreu il y a plus de trois mille ans, ce message recèle un commandement moral et juridique issu d'une civilisation qui réclamait la justice pour les faibles et les déshérités.

Les savants continueront sans doute à discuter pour savoir si Khirbet Qeiyafa est l'ancienne cité de Sha'arayim ou de Neta'im, si le roi David a résidé dans le palais mis au jour dans les fouilles ou s'il s'agissait d'un autre notable, si nos ancêtres ont dominé toute la vallée d'Elah à partir de là et, enfin, si le site est la preuve archéologique irréfutable de l'existence du royaume de David et de Salomon. Autant de questions passionnantes, mais peut-être le nœud du problème réside-t-il plutôt dans l'esclave, la veuve, l'orphelin, l'étranger, l'enfant et le pauvre – une recension exhaustive de presque toutes les catégories d'opprimés de la société israélite de l'époque. Ils ont réussi à s'entasser sur ce minuscule fragment d'argile de seize centimètres de large afin de parvenir jusqu'à nous. Sans doute pour nous démontrer que la revendication sociale existait déjà il y a trois millénaires, et que la loi était apparue avant David. Avant même l'apparition de la royauté. Il y a une différence de taille entre cette invention hébraïque, le Code de Hammurabi et d'autres textes juridiques auxquels les rois soumettaient leurs sujets serviles. La loi hébraïque ancienne impose non seulement le culte divin et l'obéissance au roi, mais elle est avant tout conçue pour protéger les pauvres, les étrangers, les sans-défense. « C'est la justice et la justice seule que tu rechercheras... » (Deut., 16, 20) ; ce verset était déjà en vigueur à cette époque, de même que : « Ne favorisez personne dans un jugement ; écoutez le petit comme le grand, ne vous laissez intimider par personne... » (Deut., 1, 17). En d'autres termes, la loi n'était pas destinée à renforcer le pouvoir des grands de ce monde.

*

Plus de trois mille ans auparavant, il existait déjà une civilisation exhortant les puissants à respecter les plus faibles. Elle réclamait non seulement la charité (*tsedaka*) mais aussi la justice (*tsedek*) – en hébreu, contrairement à d'autres langues, les deux termes sont étroitement liés. Et cette justice, elle l'exigeait des leaders comme du commun des mortels.

*

Qui sommes-nous ? Que sommes-nous ? Ce petit morceau d'argile renferme un élément de réponse. Si l'on nous suggérait de lui substituer une découverte plus officielle, plus nationale et propre à conforter notre position dans la controverse concernant la question de savoir à qui appartient cette terre, devrions-nous alors remplacer cet ostracon par un graffiti tracé de la main de David sur les vestiges d'un mur : « Moi, fils du roi Yishaï, j'ai dormi ici » ?

Non.

*

Pour certains, la quintessence du judaïsme réside ailleurs : dans les 613 commandements, les prières, l'érudition, les tombes des saints, les arcanes de la Kabbale, toutes sortes de signes, prodiges et miracles, sur le mont du Temple et dans le renouveau du rite sacrificiel. Ces principes se fondent sur les textes anciens. Quelques-uns me parlent, d'autres pas, d'autres encore me rebutent, tout comme certains de mes coreligionnaires sont révoltés par mes prises de position, entre autres parce que je me refuse à reconnaître l'autorité des rabbins, des saints, des maîtres et de leurs disciples qui, tous autant qu'ils sont, ont une connaissance parfaite de la volonté divine.

Ce n'est pas un hasard, je le répète, si nous n'avons pas eu et ne pourrons jamais avoir de pape. De grands érudits ont de tout temps existé et existent encore, mais ils sont foule et souvent, ils ne sont pas d'accord entre eux.

La démocratie suscite des débats houleux. Mais qu'est-ce que la démocratie, au juste ? Quels avantages présente-t-elle ? Cause-t-elle un préjudice au judaïsme, ou est-ce l'inverse ? Comment concilier démocratie et tradition juive ? La démocratie moderne découle de l'humanisme. Il n'y a pas de contradiction entre les deux. Dans le traité Avot de Rabbi Nathan, chapitre 31, Rabbi Nehemiah formule la substance de l'idée humaniste par une phrase merveilleuse : « Un seul homme équivaut à l'ensemble de la création. » (Remarquons qu'il dit « un seul homme » et non pas « un seul juif ». Mais d'autres voix très différentes, souvent remplies d'arrogance et de xénophobie, s'élèvent au sein du judaïsme.) L'humanisme est également lié au pluralisme, c'est-à-dire qu'il reconnaît le droit de tous à la différence, et de chaque individu, considéré comme un monde à part entière, à une existence décente. Il m'arrive de ramener tous les commandements à un seul : « N'inflige pas la douleur », et je n'hésiterais pas non plus à résumer l'humanisme et le pluralisme à une simple formule : le droit de tous à la différence.

On nous rabâche que l'union fait la force. De fait, notre force consiste à nous unir autour de notre droit à la différence. L'altérité n'est pas un mal passager, mais une bénédiction. La controverse ne constitue pas un état de faiblesse, mais un élément essentiel pour stimuler la créativité. Nous sommes différents, non parce que certains d'entre nous n'ont pas encore vu la lumière, mais parce qu'il n'existe pas une lumière universelle, mais une multiplicité presque infinie, pas une croyance ou une opinion unique, mais un éventail de possibilités.

On nous serine depuis l'enfance que les premiers avatars de l'État d'Israël furent anéantis en raison de conflits internes et de la « haine gratuite » (voir l'histoire de Kamtsa et Bar Kamtsa, dans le talmud babylonien[1], Guittin, 55b). Certains pensent que nous dominerons le monde si nous mettons une bonne fois nos divergences de côté pour nous unir. En fait, la révolte contre Rome, responsable de la destruction du Second Temple, et la guerre contre Babylone, qui provoqua la chute du Premier Temple, n'ont pas échoué à cause de «luttes fratricides» ou de la «haine gratuite» entre les juifs, mais du fanatisme nationaliste et religieux, de la mégalomanie des dirigeants et des populations qui avaient complètement perdu le sens des réalités. Même si tous les juifs à l'époque du Premier et du Second Temple s'étaient aimés plus fort que David et Jonathan, au point de former un bloc de béton et d'acier, Babylone et Rome auraient quand même écrasé la petite nation qui avait eu l'outrecuidance de se taper la tête contre les murs.

La destruction du Temple n'est pas due à une «haine gratuite», mais à un groupe d'extrémistes qui, ayant perdu le sens des proportions et de la réalité, incitèrent le peuple juif à affronter des forces infiniment plus puissantes. Ils croyaient dur comme fer que Dieu interviendrait au dernier moment pour noyer Pharaon et ses chars sous les eaux. Aujourd'hui encore, l'État d'Israël risque d'être confronté au même danger si les fanatiques contemporains s'obstinent à nous cogner la tête contre les murs.

1. Désormais abrégé sous la forme TB (*N. de la T.*).

*

Le peuple juif n'est pas et n'a jamais été un peuple docile. Moïse et les prophètes pourraient en témoigner. Dieu lui-même se plaint à longueur de temps des Israélites à la nuque raide : ils argumentent avec Moïse et Moïse avec le Créateur, à qui il remet d'ailleurs sa démission. Il revient sur sa décision, mais seulement après avoir négocié avec Dieu, qui finit par céder et accepter l'essentiel de ses revendications (Ex., 32, 31-33). Abraham pinaille avec l'Éternel au sujet de Sodome comme un vendeur de voitures d'occasion : cinquante justes ? Quarante ? Trente ? Vingt ? Dix ? Et quand il s'avère qu'il ne se trouve même pas dix justes à Sodome, Abraham ne se prosterne pas, il ne supplie pas Dieu de lui pardonner son impudence. Au contraire. Il lève les yeux vers le ciel et prononce peut-être les paroles les plus audacieuses de la Bible, si ce n'est de l'histoire des religions : « Le Juge de toute la terre n'exercera-t-il pas la justice ? » (Gen., 18, 25). En d'autres termes : Tu as beau être le juge de tout le pays, tu n'es pas au-dessus de la loi. Tu es le Dieu législateur, mais tu n'en es pas moins soumis à la loi. Tu es le Maître de l'Univers, mais tu es quand même assujetti à la loi. Tu es le Créateur du ciel et de la terre, mais tu ne peux pas déroger à la loi. À ma connaissance, ce genre de discours ne se trouve pas dans le christianisme ni l'islam, ni dans une autre religion. Voilà des propos dignes de louanges.

En outre, Abraham n'est pas frappé par la foudre

pour avoir blasphémé et offensé Dieu. Quelques chapitres plus loin, cependant, il est prêt à sacrifier son fils Isaac dans une obéissance aveugle. Comment expliquer l'écart entre l'Abraham qui affronte Dieu pour sauver des étrangers, les habitants de Sodome, et celui qui n'hésite pas une seconde quand Dieu lui ordonne d'égorger son propre fils ? La romancière israélienne Shulamith Hareven propose une intéressante interprétation de la « ligature » d'Isaac. Dans le droit-fil de l'exégèse biblique, elle suggère qu'Abraham a subi un test. Mais contrairement à la lecture traditionnelle, elle pense qu'Abraham a échoué sur toute la ligne, parce que en réalité il aurait dû se rebeller, refuser d'obéir à l'ordre divin et déclarer à Dieu : «Tu nous as interdit toi-même de faire des sacrifices humains, par conséquent, je refuse d'immoler mon fils. » Dieu a mis Abraham à l'épreuve et Abraham, l'illustre « chevalier de la foi », a échoué parce qu'il a répondu : « Oui, chef ! » au lieu de rétorquer : « C'est un ordre arbitraire surmonté d'un fanion noir. » (Un soutien inattendu de la position audacieuse de Hareven se trouve d'ailleurs dans TB, Taanit, 3,71 ; *id.*, Jér., 19, 5.)

La nation ne cesse de ferrailler contre les prophètes et ces derniers contre Dieu, tout en cherchant querelle au peuple et aux rois. Job se répand en invectives contre le ciel. Dieu refuse d'admettre qu'il a mal agi envers lui, cependant il lui accorde quelque compensation. La Guemara contient également des récits prônant une certaine forme de rébellion contre Dieu, voire le refus d'accepter la loi divine. Le plus curieux est probablement « Le four d'Akhnaï » où Rabbi Joshua déclare : « Ce n'est pas au ciel » (i.e., Dieu ne rend plus les décisions dans le ciel) lorsque l'Éternel prétend trancher un litige entre les sages (TB, Baba Metsi'a, 59b).

Au cours des dernières générations, des rabbins hassidiques ont traduit Dieu en justice afin d'expliquer les terribles événements qui se produisent dans le monde. Dieu, bien entendu, ne se montre pas, mais la convocation devant le tribunal rabbinique est toujours valable. Les rabbins attendent dans la cour terrestre qu'Il se présente et se justifie, qu'Il donne un sens à la souffrance et à l'injustice, qu'Il explique enfin pourquoi « les justes souffrent alors que les méchants prospèrent » (Mishna, traité Berakhot, 7, 1).

Le thème de la rébellion revient à travers l'histoire juive : « Celui qui juge toute la terre serait-il un juge inique ? » (Gen., 18, 25). « Jusqu'à quand les méchants, ô Éternel, jusqu'à quand les méchants vont-ils exulter ? » (Ps., 94,3). Un fil rouge court depuis le blasphème lancé au ciel dans la Torah, les prophètes, le livre de Job, la Guemara et les récits hassidiques jusqu'au merveilleux et terrible poème d'Uri Zvi Greenberg : « Au bout du chemin se dresse Rabbi Levi Yitzhak de Berditchev réclamant à grands cris une réponse d'en haut. » Dans ce poème composé après la Shoah, Rabbi Levi Yitzhak se tourne vers Dieu et l'apostrophe peu ou prou en ces termes : « Où étais-tu ? Comment as-tu pu ? »

Quelques décennies plus tard, Yehuda Amichaï s'écriait dans « Dieu miséricordieux » : « Si Dieu n'était pas plein de miséricorde, la miséricorde régnerait dans le monde, et pas seulement en Lui. » C'est Amichaï, et non un saint homme ou un sage, c'est le poète et non pas des rabbins ou des docteurs de la Loi qui, à mon sens, est le véritable héritier du judaïsme dans ce qu'il a de meilleur. Dans ce poème comme dans quelques autres, il introduit les gènes psychosociaux et moraux d'Abraham intercédant en faveur de Sodome, du prophète Jérémie, du livre de Job, du « four d'Akhnaï », du rabbin Levi Yitzhak de Berditchev. Y compris dans l'œuvre de S. Y. Agnon, ce juif pieux, les personnages profèrent d'horribles imprécations contre Dieu. Daniel Bach, le protagoniste de *L'hôte de passage*, déclare : « Moi qui suis un homme de peu, je ne crois pas que le Saint béni soit-Il souhaite le bien de ses créatures. » Bach ne met pas en doute l'existence de Dieu et ne conteste pas davantage la toute-puissance divine. Il croit en Dieu, mais il est très remonté contre Lui et L'accuse de ne pas se soucier de Ses créatures.

Voilà le noyau dur de l'anarchisme, le gène rebelle inscrit depuis des millénaires dans le judaïsme. Nous refusons la discipline. Nous ne nous contentons pas d'obéir aux ordres. Nous aspirons à la justice et l'exigeons même du Créateur. « Tu rechercheras la justice, rien que la justice » (Deut., 16, 20). Ou, comme Bialik dans « Massacre » : « … s'il est une justice, qu'aujourd'hui elle paraisse ! Mais si elle se dévoile après que j'ai quitté le monde d'ici-bas, que son trône soit à jamais anéanti.» (Encore une fois, il y a eu et il y a toujours des voix juives fort dissemblables, qui rêvent de victoire et de vengeance plutôt que de justice et de compassion.)

Un jeune garçon à la recherche de ses ânesses, ou un berger habité par l'esprit divin peuvent être oints rois d'Israël, voire composer le Livre des Psaumes. Un pinceur de sycomores est capable de prophétiser. Le berger inculte de Kalba Savoua, un cordonnier anonyme, un forgeron besogneux ou un voleur repenti sont en mesure d'enseigner la Torah, se livrer à l'exégèse et laisser leur empreinte dans la vie quotidienne juive durant des millénaires. Toutefois, ils étaient presque toujours obsédés par la question : «Qui donc vous a établi là?» (Ex., 2, 14). D'où savons-nous que vous êtes l'homme qu'il nous faut? Vous pouvez réellement être versé dans la Torah, mais dans la rue voisine habite un autre sage qui propose une interprétation entièrement différente de la vôtre. Il n'est pas rare de constater que : «Les deux opinions sont les paroles du Dieu vivant.» Souvent, le désaccord n'est pas une malédiction, mais une bénédiction, pour «montrer combien Sa loi est grande et belle» (Es., 42, 21), «pour le nom céleste» (Mishna, Avot, 5, 17) et parce que «la jalousie à l'encontre des érudits augmente la sagesse» (Baba Batra, 21a). Dans un rare moment de grâce, l'Éternel pourrait reconnaître ses erreurs et se rengorger en souriant : «Mes enfants m'ont vaincu!» (cf. «Le four d'Akhnaï»).

Dans l'histoire juive, la question de l'autorité interprétative a généralement été tranchée par un consensus partiel et non majoritaire. Les derniers millénaires ont été marqués par d'âpres querelles déchaînant les plus vils instincts, de même que par des conflits extrêmement riches et féconds. Le peuple juif ne possédait généralement pas de mécanisme de prise de décision officielle depuis le déclin du Sanhédrin. Nous n'avons pas de système dans lequel un homme en soutane blanche exercerait son ascendant sur les soutanes rouges, lesquelles auraient prééminence sur les habits noirs. L'autorité d'un rabbin repose sur l'adhésion que lui donne la majorité. Ni plus, ni moins.

La civilisation juive s'est édifiée, génération après génération, grâce à l'énergie créatrice née de la tension entre le prêtre et le prophète, les pharisiens et les sadducéens, Hillel et Shammaï, les rituels séfarade et ashkénaze, les hassidim et les mitnagdim, leurs contradicteurs, les dévots et les partisans de la *Haskalah* (le mouvement juif des Lumières), les sionistes et les antisionistes, l'école de Bialik et celle de Berditchevski, les religieux et les laïcs et entre faucons et colombes jusqu'à nos jours.

Le judaïsme à son apogée est une culture de la concertation, de la négociation jouant sur les deux tableaux, de la perspicacité et du pouvoir de persuasion. « Les deux opinions sont les paroles du Dieu vivant » (TB, Erouvin, 13b). Parfois, quand les plus grands esprits étaient incapables de se mettre d'accord, ils déclaraient match nul (*tekou*), acronyme, selon une interprétation, d'une formule araméenne signifiant : « Le Tishbi [Élie] réglera la question quand il viendra » (Mishna, Nézikin, Edouyot, 8 ; 7 sur Malachie, 3, 23). En d'autres termes : ce n'est pas grave, nous ne serons pas d'accord jusqu'à l'arrivée du prophète Élie qui nous départagera. (Entre parenthèses, *tekou*, littéralement intraduisible dans d'autres langues, est entré dans le vocabulaire du sport.) Être en désaccord n'est d'ailleurs pas forcément une calamité. Nous pouvons vivre dans une situation ouverte. Cela peut même présenter certains avantages. À une restriction près : des débats sans violence. Des polémiques sans persécution. Comme le Premier ministre Begin en aurait, dit-on, donné l'ordre au chef du Shin Bet concernant l'interrogatoire des détenus : « Même pas une gifle. »

Le judaïsme sanctifie la controverse au nom de Dieu et encourage même la dissidence. Il n'est pas rare qu'il soit aussi la proie d'impulsions agressives, déguisées en divergences au nom de la divinité pour accéder au pouvoir, à l'autorité ou aux honneurs. À mon sens, cet héritage coexiste parfaitement avec le concept de démocratie pluraliste. On pourrait établir une analogie entre cette tradition de débats et de controverses qui caractérise le judaïsme et la technique musicale du « contrepoint », ou bien la polyphonie humaine – la communauté étant considérée comme un chœur vocal ou un orchestre de plusieurs instruments, régi par des règles convenues.

*

Non pas une lumière, mais plusieurs.

Non pas une croyance universelle, mais des convictions et opinions diverses et variées.

*

De vastes foyers d'obéissance aveugle sont apparus dans le judaïsme, nous l'avons déjà signalé, parmi ceux qui considèrent le judaïsme comme une religion et non comme une culture. Pour ma part, l'obéissance aveugle est une déviation de la tradition, même lorsqu'elle prétend en être l'incarnation. Sans parler des énormes différences entre les rabbins « litvaks » influents et le « Messie » loubavitch, entre les Lituaniens et Baba Salé, le saint homme de Netivot, ou entre toutes ces tendances confondues et le rabbin fondateur du *Shass*, le parti politique séfarade orthodoxe, tous ayant en commun le désir d'imposer l'obéissance, à la manière du pape, à leurs subordonnés, lesquels se plient docilement à la discipline.

Pour moi, l'obéissance aveugle n'est jamais morale. En cela, je suis très éloigné des théories de Yeshayahou Leibowitz, qui soutenait que les préceptes bibliques représentent la volonté de Dieu et ne doivent être ni contestés, ni détournés.

*

À l'époque postbiblique, la croyance aux miracles ne faisait pas consensus chez les juifs. Beaucoup y adhèrent encore aujourd'hui, même si les sceptiques sont légion. Chaque figure charismatique ou presque suscite un contre-pouvoir, du moins aux époques fastes. Rares furent, dans l'histoire juive, ceux dont l'autorité a été unanimement reconnue par leurs pairs et les générations suivantes. En fin de compte, c'est de la volonté de la nation, ou du plus grand nombre, que tel docteur de la Torah, tel décisionnaire, *tsaddik* faiseur de miracles ou maître à penser détient son pouvoir. Même Maïmonide, surnommé « le grand aigle » dans nos sources, devint une autorité religieuse grâce au respect que lui vouait le peuple, et non parce qu'il avait été intronisé par une poignée de cardinaux réunis en conclave jusqu'à ce qu'un nuage de fumée blanche s'élève dans le ciel.

La hiérarchie du pouvoir au sein du peuple juif, du moins pendant les périodes fastes, ne vient pas d'en haut. À cet égard, une fois encore, le judaïsme fut profondément démocratique à travers les âges. Il faut le souligner en un temps où certaines personnalités, non contentes de l'évidente contradiction entre l'autorité du gouvernement élu et celle de la *Halakha*, s'obstinent en même temps à opposer la démocratie au judaïsme, considérant que l'esprit démocratique constitue une menace envers le judaïsme, ou que le judaïsme représente un grave danger pour les principes de la démocratie.

Le philosophe Isaiah Berlin a montré que la question controversée parmi les démocrates est une conception négative de la liberté politique : «vivre et laisser vivre», ou positive : «vivre décemment pour être vraiment libre».

*

Ma fille, Fania Oz-Salzberger, m'a appris que la démocratie libérale détermine les modalités d'organisation d'une société ou d'un État dans le but de réconcilier les desiderata des individus qui la composent, tout en garantissant leurs libertés. Elle y parvient par le biais d'élections et la règle de la décision majoritaire, non sans protéger les droits des minorités par un système de compromis et de protections diverses. Fania m'a également expliqué que les démocrates les plus ardents au début des temps modernes étaient curieusement des religieux extrémistes, tels les huguenots français et les révolutionnaires britanniques, luttant contre le régime qui cherchait à leur imposer la religion majoritaire (même s'ils ne faisaient pas preuve d'une grande tolérance entre eux).

*

À l'image de l'univers, le monde de la *Halakha* a commencé avec un big-bang, quand Moïse a reçu la Torah sur le mont Sinaï. Depuis lors et jusqu'à tout récemment, la civilisation juive s'étend par cercles concentriques, comme si une énorme météorite était tombée au fond de l'océan et que les ondes de choc se propageaient par ricochets autour de la révélation au Sinaï. Les ondulations des interprétations et des interprétations d'interprétations. Naturellement, elles s'amenuisent à mesure qu'elles s'élargissent. L'héritage juif à travers les générations est constitué par différentes strates d'exégèse de la Torah. Le champ de l'interprétation se rétrécit à mesure que l'on s'éloigne du mont Sinaï, car il est de plus en plus peuplé. Chaque génération occupera l'espace interprétatif de façon encore plus dense, et aucune génération n'a le droit d'altérer, d'oblitérer ni de retrancher quoi que ce soit. Le résultat est que meubles et bibelots envahissent la maison, personne ne s'en va et, très bientôt, nul ne pourra entrer non plus, vu qu'il ne restera pratiquement plus de place libre. Le monde de la *Halakha* se caractérise de plus en plus par les expertises savantes, la stricte obédience, les arguties et l'exaltation, tandis que la créativité se réduit comme peau de chagrin. L'estime de soi décroît également d'une génération à l'autre, selon le principe : « Si les premiers (sages) étaient des fils d'anges, nous sommes des fils d'hommes ; et si les premiers (sages) étaient des fils d'hommes, nous sommes semblables à des ânes... » (TB, Shabbat, 112b), ainsi que le postulat du « déclin des générations » (S. Tchernikovsky, *Levivot*). Le judaïsme se sclérose et innove de moins en moins, à mesure qu'il s'éloigne de la révélation au Sinaï. Les nouveaux venus n'ont évidemment pas le droit de modifier les dires de leurs prédécesseurs.

Certes, différentes horloges spirituelles ont marqué des temps distincts au sein des communautés juives de Bagdad, du Yémen, du Maroc, de Salonique ou d'Europe de l'Est, mais toutes indiquent que d'épais nuages de commentaires interprétatifs s'amoncellent au sommet du mont Sinaï. Voilà qui pourrait expliquer en partie le sentiment d'oppression que beaucoup éprouvent envers le monde halakhique de nos jours.

Jusqu'à un certain point, le judaïsme du *Choulkhan aroukh* (littéralement « La table dressée », un code de Loi juive rédigé par Joseph Caro au XVIe siècle) résista aux pressions et aux tentations des mondes extérieurs avec un indéniable succès. L'explication réside non seulement dans la dévotion des juifs, mais aussi dans les similitudes entre leur mode de vie dans les enclaves d'Europe orientale ou d'Afrique du Nord et celui de leurs voisins non juifs, au sein de leurs propres communautés religieuses, centrées autour de l'église ou de la mosquée. Tant que les « réserves » juives menaient une existence séparée, quoique semblable à celle de leurs voisins chrétiens ou musulmans, avec une spécificité religieuse caractéristique, il était possible de préserver et de protéger leur différence identitaire. Mais à mesure que l'environnement non juif devenait plus tolérant et réceptif, par exemple durant l'âge d'or de l'Espagne musulmane, les juifs tendaient à appliquer la *Halakha* moins strictement. L'horizon créatif s'agrandit.

Lorsque la sécularisation commença à se répandre

en Europe, il y a environ deux siècles, et que l'environnement non juif se démarqua de la religion pour se polariser autour de la nationalité, surtout depuis l'émergence d'idéologies séculières multinationales ou supranationales, le judaïsme coincé entre les quatre murs de la *Halakha* devenait de plus en plus pesant, alors que les mondes environnants paraissaient d'autant plus attrayants. S. Yizhar aborde la question dans un essai percutant : *The Courage to be Secular* (« Le courage de la laïcité »). Cela s'explique en partie par le fait que la relation à l'Autre est une composante essentielle de l'identité de chaque groupe et individu. Nos rapports avec nos ennemis nous définissent nous-mêmes. À mesure que les interactions avec les Autres devenaient aisées et stimulantes, que l'identité de nos voisins évoluait, la nôtre ne pouvait qu'en subir les contrecoups.

Il est vrai que des millions de juifs se définissant comme « craignant-Dieu » se sont accrochés à leur foi envers et contre tout, même quand les cercles halakhiques étaient secoués par de puissants tsunamis : les sabbatéens, le hassidisme, la naissance des grandes yeshivas (universités talmudiques) au XIXe siècle, ainsi que le sionisme religieux. Au cours des dernières générations, un nombre croissant de juifs prirent conscience que l'observance stricte de la *Halakha* ne les satisfaisait plus. Certains embrassèrent une voie politique nationale, d'autres suivirent la voie d'une réforme religieuse. Un grand nombre franchit la porte de sortie et s'assimila. Oscillant entre l'effroi et la fureur, le judaïsme halakhique réagit à coups d'anathèmes, d'excommunications, de malédictions, d'insultes, de remparts et de replis, comme s'il avait décidé que les juifs pieux devaient se retrancher dans un bunker spirituel et émotionnel jusqu'à ce que l'ordre soit rétabli. Dans l'ensemble, le judaïsme halakhique n'en est toujours pas sorti, même en Israël, à Jérusalem et dans les villes à majorité ultra-orthodoxes, telles que Bnei Brak, Bet Shemesh et Betar Illit.

Le nationalisme, l'émancipation, l'intégration à la société d'accueil, le cosmopolitisme sous tous ses aspects, la modernité, autant de portes qui s'ouvrirent devant les juifs un peu partout aux XVIIIe et XIXe siècles, contraignant le judaïsme halakhique orthodoxe à réagir à ces revirements comme s'il s'agissait d'égarements passagers. Il refusa de s'adapter aux nouvelles circonstances qu'il écarta en bloc, sans même leur accorder un regard. En fait, il répugnait à admettre que la situation était totalement inédite. Aujourd'hui encore, le judaïsme halakhique affirme que ce qui nous paraît nouveau n'est que la réincarnation déguisée de tentations plus anciennes. « Il n'y a rien de nouveau sous le soleil » (Eccl., 1, 9) ; « tout ce qui est nouveau est interdit par la Torah » (TB, Kidouchin, 38b), à croire que l'interdiction de toute innovation ne s'appliquait pas seulement aux juifs, mais devait également s'étendre aux païens, au monde extérieur. Même l'extermination de millions de juifs par les nazis est encore réduite à des clichés éculés et pathétiques par certains courants fossilisés du judaïsme halakhique, qui répètent à l'envi : «À chaque génération se lève un Pharaon, un Amalécite, un misérable Aman, un Antiochus.» Comme si la Shoah n'était qu'un pogrom de plus, à peine un peu plus sanglant que les autres. Revoici les Cosaques, l'Inquisition, les antisémites, Amalek et Pharaon. Comme si les nazis n'étaient qu'une tribu du désert s'en prenant aux retardataires. Comme si le génocide du peuple juif n'était qu'un maillon d'une longue chaîne bien connue, la chaîne du *tsores*, du malheur. Encore un sacrifice au nom de Dieu, une nouvelle épreuve à laquelle nous avons été soumis «à cause de nos péchés» et dont l'issue pourrait être inversée par le repentir.

Ainsi, le judaïsme du *Choulkhan aroukh* a contourné et contourne toujours le débat théologique que constitue l'anéantissement d'un tiers du peuple juif. (À ce propos, d'autres voix se sont fait entendre ici et là dans le monde ultra-orthodoxe, comme celle du rabbin Kahaneman, fondateur de la yeshiva de Ponevezh.)

De la même façon, le judaïsme halakhique non sioniste a esquivé le phénomène sans précédent que constituent l'indépendance politique du peuple juif en Eretz Israël et l'édification de Jérusalem – non par un ange ou un séraphin, ni par la venue du Messie, mais par un mouvement politique moderne et séculier, influencé par des courants nationalistes apparus ailleurs dans le monde.

*

Une expression malheureuse qualifie les victimes des nazis et des guerres israélo-arabes de martyrs morts « pour sanctifier le nom de Dieu ». Mais les millions de juifs exterminés par les nazis et leurs collaborateurs ne l'ont pas été pour sanctifier le nom divin ! « Dieu vengera leur sang » ! Cette phrase me hérisse, car ils étaient des millions à ne pas croire en la sanctification du nom de Dieu ! Du reste, des centaines de milliers, nés de mères non juives, n'étaient même pas considérés comme juifs par le judaïsme du *Choulkhan aroukh.* Par conséquent, de quel droit lier leur mort à « la sanctification du nom de Dieu » ? De quelle légitimité le judaïsme halakhique se prévaut-il pour s'approprier leur identité, voire piétiner leur dignité ? Nombre de victimes auraient certainement jugé l'étiquette de « martyr » ou « tué pour sanctifier le nom de Dieu » comme une grossière profanation de leur mémoire, de leur identité et de la manière dont ils se définissent.

La plupart des Juifs tombés dans les guerres d'Israël contre les États arabes ne s'enrôlèrent pas pour sanctifier le nom de Dieu. Ils se sont battus pour protéger leur vie, celle de leurs proches et la survie de la nation. D'ailleurs, plusieurs centaines d'entre eux n'étaient absolument pas juifs, mais musulmans, chrétiens, druzes, bédouins, circassiens ou citoyens d'autres nations, et ils ont sacrifié leur vie volontairement, et non pas pour sanctifier le nom de Dieu. En aucun cas.

Au début des années 1950, les passagers israéliens d'un autobus furent massacrés à Ma'ale Akrabim, dans le Néguev. Le ministre de la Défense déclara à la Knesset : « Le sang juif ne sera pas versé en vain ! » Arrêtons-nous un instant sur ces mots terribles, « sang juif », qui ne sont mentionnés nulle part dans les sources juives. Pas une fois. Le concept n'existe pas. Dans la Bible, on relève de nombreuses occurrences de l'expression « sang pur », ou « La voix du sang de ton frère crie du sol vers moi » (Gen., 4, 10), ou encore : « Qui verse le sang de l'homme, par l'homme aura son sang versé » (Gen., 9,6). «Ton sang n'est pas plus rouge que celui de ton voisin », affirmera plus tard un célèbre adage (TB, Shabbat, 112b) car nous avons tous été créés à l'image de Dieu. Inversement, le « sang juif » était une notion fondamentale dans les lois de Nuremberg adoptées par le Reichstag sous l'initiative d'Hitler. Récemment, ce concept monstrueux s'est répandu parmi les Juifs israéliens les plus extrémistes.

Il y a quelques années, ma femme Nilli et moi-même avions rendu visite à un vieil ami qui nous a quittés. C'était un brillant intellectuel, partisan du « Grand Israël ». Nilli, qui est très bonne musicienne, avait chanté un cantique inspiré d'un verset des Psaumes : « Quand l'Éternel ramena les captifs de Sion, nous étions comme en rêve » (Ps., 126, 1). Les yeux de notre hôte se sont emplis de larmes. « Nous devrions adopter ce verset comme hymne national au lieu de l'Hatikvah», a-t-il déclaré du fond du cœur. «Certainement pas ! ai-je rétorqué. Quitte à changer l'hymne sioniste, autant choisir : "Pour nous, il n'y a pas eu de miracle, nous n'avons pas trouvé la fiole d'huile[1]", l'antithèse absolue de : "Quand l'Éternel ramena les captifs de Sion".»

Ceux qui voudraient brouiller les pistes ou gommer le fait que le «retour à Sion» actuel, l'édification des villages juifs, des kibboutzim et des villes n'est pas l'œuvre du Messie, mais d'un mouvement politique laïc, pragmatique et moderne, nient l'idée que je me fais de l'identité juive (et je ne suis pas le seul). Ils cherchent à nous éliminer. Sans parler de la conviction profondément blessante des disciples du Rav Kook, pour qui les pionniers laïques n'étaient que les instruments de la providence divine, comme si leurs convictions, leur autodétermination ne comptaient pour rien. Ils n'étaient que «l'âne du Messie». Une telle insulte est inadmissible.

*

Curieusement, on trouve des accents profondément religieux dans les œuvres d'auteurs hébraïques modernes, tels Judah Leib Gordon, Bialik, Berditchevski, Brenner, Agnon, Uri Zvi Greenberg, Zelda,

1. Tiré d'un chant de Hanoukka sioniste composé au début des années 1930 par Aaron Ze'ev.

S. Yizhar, Pinhas Sadeh, Yona Wallach, Yitzhak Orpaz, Yehuda Amichaï, Dan Pagis, Haïm Be'er, Haïm Sabato ou Zeruya Shalev. Ironie de l'histoire, quelques écrivains de langue hébraïque du siècle dernier ont joué le rôle que certaines autorités halakhiques fuyaient comme la peste.

Il s'agit d'une séparation de la religion, non pas de l'État, mais des fidèles : les événements théologiques les plus cruciaux du judaïsme au cours des dernières générations ne se sont pas produits au sein des séminaires ou des cours rabbiniques, mais dans la poésie, la prose et la philosophie hébraïques. On constatera avec intérêt que le conflit théologique n'a pas disparu de notre culture, mais a été transmis par les gardiens de l'orthodoxie aux forces les plus créatives du judaïsme : la nouvelle littérature hébraïque. Ses représentants n'ont jamais complètement abandonné Dieu. Ils l'ont tiré par la manche en s'évertuant à pénétrer Ses intentions, à Le poursuivre en justice, Le harceler ou L'invectiver, quand ils ne se languissaient pas de Sa présence. Les écrivains qui, pour la plupart, se considéraient comme laïques n'ont cessé d'exprimer leur détresse spirituelle. Prenons par exemple la conclusion de *Hirbat-Hiza* de S. Yizhar après la destruction du village arabe : « … alors Dieu descendit dans la vallée pour voir si tout se déroulait selon la clameur qui lui était parvenue. » Nombreux sont les écrivains, les poètes et autres penseurs à avoir disserté sur le *hester panim*, « la face voilée de Dieu » (sans toutefois formuler explicitement le terme), la non-intervention divine dans l'histoire. Ce sont eux les sources vives de la culture juive, les fontaines de la connaissance de notre époque. Pas les écoles talmudiques.

Le judaïsme halakhique est devenu le dépositaire de la tradition qui, sans en perdre une goutte, n'en ajoute pratiquement aucune. Généralement, les innovations dynamiques et créatrices de la culture juive se sont produites au cours des dernières générations hors du domaine de la *Halakha*, à laquelle elles sont dialectiquement liées. Et même si elles sont souvent au bord de la rupture, le lien n'en subsiste pas moins entre elles. Parfois, une relation explosive est plus intime que celle entretenue par ces « conservateurs de musée » qui enferment le patrimoine ancestral derrière des vitrines avec un panneau « défense de toucher », dans l'espoir que les générations futures contempleront, émerveillées, la splendeur de leur héritage, afin de le mémoriser et de l'intérioriser avant de le transmettre.

Le judaïsme halakhique prétend que la pérennité du peuple juif passe par la Torah et que, sans elle, nous aurions depuis longtemps été assimilés parmi les nations du monde. Or il n'en est rien : ce ne sont pas les commandements qui ont préservé les juifs, mais l'inverse. De génération en génération, les juifs ont choisi de le rester par l'observance des commandements ou de tout autre manière. Le peuple d'Israël existe depuis des milliers d'années uniquement à cause de millions de choix personnels opérés par des millions de juifs durant des dizaines de générations – des juifs qui ont décidé de conserver leur identité.

La Torah, les commandements, les langues juives, la mémoire collective, les us et coutumes, les sensibilités et les apports créatifs ont toujours existé grâce à l'initiative privée d'un individu juif : rester et ne pas partir. L'identité n'a de sens que lorsque la porte de sortie est grande ouverte, si la permission est accordée, lorsque chaque individu consent librement à conserver son identité et à ne pas en changer.

L'apostasie fait aussi partie de la culture juive, de même que l'hérésie ou le blasphème – autant de postures explicitement religieuses. Citons ici la fine observation de l'écrivain Shlomo Tsemach selon lequel on ne peut maudire Dieu que si on Lui a ouvert son cœur.

Prenons, par exemple, Elisha Ben Abouya, appelé l'Autre, qui, entre autres transgressions, monta à cheval le jour du shabbat : on l'excommunia et pourtant il fut l'un des rabbins les plus célèbres de l'époque du Talmud. Selon une autre version, son âme reposerait même au paradis. Un jour viendra peut-être où Spinoza le paria, Heinrich Heine – converti au christianisme, mais qui n'en resta pas moins juif jusqu'à la moelle – ou encore ce martyr juif, ce merveilleux poète et parangon de vertu de Nazareth, rejoindront le panthéon juif. Tous sont la chair de notre chair.

En quoi consiste la civilisation juive ? Elle inclut tout ce que nous avons accumulé au fil des générations. Des éléments issus de l'intérieur et d'autres que nous avons intégrés de l'extérieur et qui ont fini par faire partie de la famille. Ce qui est ou a été la coutume, ce qui a été accepté par tous, ou seulement par certains. Ce qui fait consensus aujourd'hui ou l'a été dans les générations précédentes. Ce que je juge acceptable ou trouve agaçant et détestable. Tout cela fait partie intégrante de la culture juive. Des textes rédigés en hébreu ou dans d'autres langues. Le mot écrit, des idées glanées en dehors des Écritures, y compris certains comportements ou attitudes liés à notre mémoire commune. Voire aussi un certain humour, le goût de la plaisanterie, que je ne peux pas définir mais que je reconnais sans peine quand je le rencontre. Une tendance au sens critique, au scepticisme, à l'autodérision, à l'auto-apitoiement avec parfois une propension moralisatrice. Un certain pragmatisme mâtiné de fantaisie. L'extase mêlée de méfiance. L'euphorie teintée de pessimisme. Une gaieté mélancolique. Une profonde et saine remise en question de l'autorité. Et une résistance obstinée à l'injustice.

Tels sont les attributs contradictoires et complexes qui nous caractérisent, semble-t-il. Mais ils ne sont pas forcément spécifiques à chaque individu. En outre, rien ne garantit qu'ils persisteront. Il y a une sensibilité juive que l'on peut aisément détecter chez Jésus, Heine, Spinoza, Einstein, Ibn Gabirol, Kafka, Karl Marx, les frères Marx, Hannah Arendt, Woody Allen, le prophète Jérémie, S. Yizhar, le psalmiste, l'Ecclésiaste, le rabbin David Bouzaglo, Zelda ou

Yehuda Amichaï. Mais s'il est aisé d'identifier ces sensibilités, il est presque impossible de les enfermer dans une définition. Certaines se diluent lentement en Israël, en même temps que le commandement : «Tu n'infligeras pas la souffrance.»

*

Concernant la relation à l'État, paradoxalement, les deux extrêmes du judaïsme halakhique se rencontrent : d'un côté, les ultra-orthodoxes antisionistes de Mea Shearim (*haredim*) et, de l'autre, les juifs messianiques des collines, qui sont en fait post-sionistes. Ces deux courants ont le plus grand mal à accepter l'État d'Israël avec un gouvernement élu, des citoyens non juifs censés être égaux en droit, et la tour de contrôle incarnée par la Cour suprême. De fait, les haredim extrémistes refusent de reconnaître la Knesset et la Cour suprême comme étant les substituts du Sanhédrin, pas plus qu'ils ne sont prêts à accepter le droit israélien et les décisions de la Cour suprême en lieu et place des décisionnaires en *Halakha*. Ils rejettent également l'autorité de l'État, contrairement à leurs ancêtres qui se soumettaient aux gouvernements polonais ou russe, comme au roi du Maroc, selon le principe talmudique «la loi du pays a force de loi». Les haredim ne reconnaissent pas la légitimité de l'État juif en tant qu'autorité souveraine juive de plein exercice non plus qu'en tant qu'autorité étrangère; cela leur reste en travers de la gorge, comme on dit.

L'État d'Israël pose un problème d'un autre ordre aux juifs messianiques. Pour nombre d'entre eux, l'État est une simple coquille, ou un échafaudage, et à présent qu'ils croient entendre les pas du Messie, ils ont hâte de renverser l'échafaudage pour faire émerger le noyau de la royauté de sa coquille manu militari. Ils nous répètent à l'envi que la démocratie est un élément étranger, un système importé. Nous n'en avons nul besoin et il est de notre devoir de rétablir la royauté. Mon collègue et ami, le professeur Avi Ravitsky, souligne à juste titre que, si la démocratie en tant que pièce rapportée est peut-être un point discutable, la question ne fait aucun doute concernant la royauté. Les juifs ne l'ont pas inventée. Les masses l'imposèrent presque de force au prophète Samuel. Avant l'établissement du royaume d'Israël, à l'époque des Juges, le régime ressemblait davantage à une république qu'à une monarchie. La royauté est un régime politique totalement étranger au judaïsme, plus encore que la démocratie.

Le ghetto n'est pas davantage une création juive et il ne plonge pas ses racines dans le terreau du judaïsme. Il nous a été imposé par décret étranger, tant et si bien que certains d'entre nous s'en sont entichés et l'ont importé en Israël, car c'est seulement entre ses murs qu'ils se sentent au chaud et en sécurité.

Le judaïsme du *Choulkhan aroukh* est totalement réfractaire à la politique : sans l'autorité de la démocratie, cet « implant étranger » introduit chez nous par les laïcs, les différentes factions du judaïsme halakhique (les porteurs de kippas noires, blanches ou crochetées) se crêperaient le chignon : « Les hommes s'entre-dévoreraient vivants » (Mishna, Nézikin, Avot, 3, 2). Sans la tradition bien ancrée du principe de décision majoritaire, les hassidim se dresseraient les uns contre les autres, cour contre cour, ou bien ils s'en prendraient aux mitnagdim, les Séfarades aux Ashkénazes et les différentes obédiences religieuses s'affronteraient sans merci. Si, Dieu nous en préserve, l'État d'Israël venait à disparaître du jour au lendemain, ainsi que la Knesset, les élections et les tribunaux, tous les courants du judaïsme halakhique solliciteraient immédiatement l'arbitrage d'un régime étranger. Jour et nuit, ils courraient chercher les autorités arabes pour régler leurs différends, tout comme en Diaspora. « Jamais ! » fut la curieuse réponse du futur président Haïm Weizmann à qui l'on posait la question de savoir quand un État juif verrait enfin le jour. « S'il devient un État, il ne sera pas juif, et s'il est juif, il ne sera évidemment pas un État. »

Le judaïsme du *Choulkhan aroukh* n'a pas de système décisionnel, pas de règle de majorité ni d'institutions élues. Il n'existe qu'une très longue tradition de compétition entre communautés religieuses rivales en vue d'obtenir les faveurs du régime étranger et de flatter leurs représentants. Les membres de chaque faction sont convaincus de représenter le vrai judaïsme et persuadés que ceux qui ne leur ressemblent pas sont dépravés, égarés, sourds ou déséquilibrés. En tout cas, celui qui est différent est un « enfant captif[1] ».

Pratiquement aucun des nombreux courants actuels du judaïsme halakhique n'est capable de recréer le pluralisme juif d'antan, ni d'incarner le don merveilleux illustré par le dicton : « Les unes comme les autres sont les paroles du Dieu vivant (TB, Erouvin, 13b). (À l'exception, entre autres, de la communauté orthodoxe égalitaire « Shira Hadacha » et des fondateurs plutôt libres penseurs de la revue de poésie *Machiv HaRouakh*.)

Politiquement parlant, la loi halakhique en est toujours à l'âge de pierre. Si elle est très pointue en droit financier, parental, familial, éducatif, concernant les rapports avec autrui, les communautés et les biens matériels, sur le plan des relations internationales, elle ne connaît que la loi du plus fort : « Le pouvoir est aux mains des Gentils et inversement » (TB, Ketouvot, 27a). Quand, dans le premier cas, les païens nous maltraitent, nous crions grâce. Dans le cas contraire, pourquoi ne pourrions-nous pas leur en faire voir à notre tour et les laisser crier tout leur soûl ? C'est plus ou moins la thèse développée dans *La Torah du Roi*, dédiée à la mémoire d'un meurtrier de masse[2].

1. Terme talmudique désignant une personne qui, pour des raisons indépendantes de sa volonté, n'est pas responsable de ses actes. (*N. de la T.*)

2. Baruch Goldstein tua vingt-neuf Palestiniens et en blessa plus d'une centaine se trouvant en prière au Caveau des Patriarches à Hébron, en 1994.

Le peuple juif n'a pas eu la possibilité ni l'expérience requise pour élaborer des lois plus sophistiquées concernant les relations internationales. En effet, certains juifs observants débordent d'amabilité et d'amour, sauf qu'il s'agit toujours d'un amour conditionnel : je t'aime si tu changes et deviens plus ou moins comme moi ; seulement moi, je ne changerai pas d'un iota, parce que j'ai raison. Je suis parfait.

« Ouvre grand la bouche et je la remplirai » (Ps., 81, 11). Différents acteurs tentent de convertir les juifs laïcs à l'observance religieuse, tels entre autres la chaîne de télévision Hidabroot, les Loubavitch, les colons, les mitnagdim ou les hassidim. Tous nous aiment à condition que « nous ouvrions la bouche pour qu'ils la remplissent ». Car toi, l'Autre, tu es un récipient vide, alors que moi, bien sûr, je suis un vase plein de bénédictions. Ce commandement vaniteux : « Ouvre grand la bouche et je la remplirai », possède à l'évidence une connotation de violence peu propice au dialogue.

David Ben Gourion rendit visite un jour au rabbin Abraham Yeshayahou Karlitz, le *Hazon Ich* (« l'homme de vision »), chez lui à Bnei Brak, peu après la fondation de l'État. Le *Hazon Ich* cita une allégorie talmudique : « Un chariot lourdement chargé et un autre vide se croisent sur un pont très étroit. Le chariot vide ne devrait-il pas céder le passage au chariot plein ? » Ben Gourion, peut-être dans un moment d'égarement, se rangea à son avis, qu'il nous imposa ensuite. Toutefois, la culture juive qui a prospéré en dehors de la synagogue au cours des siècles derniers n'est pas un chariot vide. Bialik, Agnon, Brenner, Berditchevski, Rachel la poétesse, Uri Zvi Greenberg, Nathan Alterman, Leah Goldberg, Gershom Scholem, Martin Buber, S. Yizhar et Yehuda Amichaï ont apporté leur contribution au patrimoine juif tout autant que les grands décisionnaires religieux. La renaissance de la langue hébraïque, cette Belle au bois dormant qui, en l'espace de trois ou quatre générations, se métamorphosa en une langue parlée au quotidien par plus de dix millions d'individus est un événement spirituel équivalant à l'émergence du Talmud. Bourgs, villes, villages, kibboutzim et moshavim édifiés en Israël au cours des cent vingt dernières années sont, à mes yeux, parmi les créations les plus stupéfiantes du peuple juif à travers l'histoire.

Un dialogue spirituel entre un chariot plein et un chariot vide est chose inconcevable. Un véritable échange n'aura lieu que si l'on est disposé à admettre que la culture juive est constituée de plusieurs chariots pleins.

*

Depuis la création d'Israël, et même avant, les partis religieux ont instrumentalisé la politique pour renforcer ce qu'ils appellent sottement « la spécificité juive de l'État », terme qui ne veut d'ailleurs strictement rien dire au singulier. Tout au plus pourrait-on parler de « spécificités juives » au pluriel. Tel-Aviv n'est pas moins juive que Bnei Brak. Les villes de développement comme Sdérot, Yeruham, ou les kibboutzim, sont tout aussi juifs que Safed. Croire que « la spécificité juive » ne s'applique qu'à la copie conforme du shtetl polonais, au prolongement du mellah juif du Maroc, à la restauration du royaume de David et de Salomon, ou au « rétablissement de Yavneh et de ses sages » (Mishna, Sanhédrin, 11,4 ; TB, Guittin, 56b) équivaut à s'enfermer dans sa tour d'ivoire. En effet, que l'État d'Israël présente des similitudes avec les exemples cités ci-dessus ne serait pas une catastrophe, mais ce serait aussi bien s'il pouvait ressembler un peu à d'autres sites autour du bassin méditerranéen.

*

Israël s'éloigne-t-il depuis quelques années de ma vision idéale d'un État juif? Sans doute. De même que l'interdit d'infliger la douleur semble sérieusement ébranlé.

L'État d'Israël est issu d'un mariage mixte. Il est né de l'union de la Bible et des Lumières, du rêve du retour à Sion et des aspirations qui ont débouché sur le printemps des peuples européens, de la communauté juive et de la république, de la « Knesset Israël » (littéralement : « l'Assemblée ») et de l'esprit parlementaire, des modes de vie particuliers à la Diaspora et des idéologies modernes prônant la liberté, la fraternité entre les peuples.

Dans un poème intitulé « Avec la première Assemblée», Nathan Alterman établit un pont entre l'ancien terme hébreu «Knesset» (la Grande Assemblée de la période du Second Temple) et le nom du premier parlement israélien, «l'assemblée constituante», terme emprunté à la formation de la République française. Ce mariage entre la «Knesset Israël» et les idées de liberté et de démocratie est difficile. Et il n'est guère étonnant que des voix des deux camps se soient élevées pour appeler à le dissoudre. Or il ne peut y avoir de dissolution sans rupture complète. D'ailleurs, même si c'était possible, ce ne serait pas très judicieux. Mieux vaut essayer de rabibocher ce couple improbable.

La rupture entre le judaïsme halakhique et ceux qui ne se conforment pas aux prescriptions juives n'est que partielle. Tenter de consolider ce que les religieux nomment la «spécificité juive» par la contrainte et la législation, ou accélérer la venue du Messie en déployant des chars, ou encore nous soumettre à la stricte observance religieuse par le biais d'inspecteurs de la *cacherout* ne servirait qu'à creuser le fossé. Israël ne peut être «judaïsé» de force. Admettons que, par miracle, les partis religieux parviennent à imposer la *Halakha* à tout le pays. Que personne dans le Grand Israël n'ait commis la moindre infraction au *Choulkhan aroukh* ni bravé les décisions de sept rabbins, l'État serait-il plus juif? Plus imprégné de notre héritage? Ou bien plus découragé, désespéré? Ou alors en proie à la frustration et à la colère?

Imaginons, à l'inverse, une situation où les fanatiques messianiques détruiraient les mosquées du mont du Temple pour y reconstruire le Temple et obtiendraient une majorité à la Knesset afin de se désolidariser une bonne fois pour toutes du reste du monde. Supposons qu'ils réussissent à annexer les territoires occupés, qu'ils refoulent définitivement les Arabes et remettent l'Europe et l'Amérique à leur place – cela améliorerait-il la situation des Juifs ? Ou alors provoquerions-nous notre perte, comme nos fanatiques se sont ingéniés à le faire tant de fois au cours de l'histoire ?

*

Il existe un dénominateur commun entre la droite israélienne et le judaïsme halakhique : chacun est en conflit réel, ou subjectif, avec le monde extérieur. Chacun affirme qu'un éternel litige oppose Israël aux nations : « Un agneau au milieu de soixante-dix loups » (Midrash Tan'houma, Toldot, 5), « Israël est une brebis égarée » (Jér., 50, 17), « Comme un mouton mené à l'abattoir » (Es., 53, 7). Le judaïsme halakhique ainsi qu'une partie de la droite considèrent les efforts de la gauche israélienne pour résoudre le « conflit éternel » entre les Arabes et nous, entre le monde entier et nous, comme une menace envers la singularité du peuple juif : sans ennemi, sans persécution, ni siège, ni martyr, le monde extérieur nous pervertirait, nous perdrions notre identité et nous nous assimilerions. Dans cette perspective, les persécutions, les sièges, l'« ennemi à la porte » passent pour une situation « avantageuse », que nous avons vécue tout au long de notre histoire et qui a servi à renforcer notre identité (voir l'analyse du professeur Dan Miron).

En situation normale, nous ne vivrions plus sous la menace d'un quelconque « adversaire ou ennemi » (Lament., 4, 12) ; (le vœu du sionisme vu par Herzl, Haïm Weizmann, Ben Gourion et Jabotinsky, auquel aspire toujours la gauche israélienne). Cependant, nombreux sont ceux qui à droite, au sein du judaïsme halakhique ou parmi les colons, sont d'avis qu'une telle situation mettrait en péril notre identité. « À chaque génération, ils se dressent contre nous pour nous exterminer, mais le Saint béni soit-Il nous a délivrés de leurs mains » (Haggada de Pessah). Le jour où ils ne chercheront plus à nous anéantir, qu'en sera-t-il de notre identité ? Qui donc le Saint béni soit-Il délivrera-t-Il ? Beaucoup pensent que, même si nous attachons une grande importance aux territoires occupés, nous sommes plus préoccupés encore par la pérennité du conflit.

Le clivage entre juifs religieux et juifs séculiers dure depuis un siècle et demi. Mais le fossé ne devra pas nécessairement produire du poison ou de l'absinthe (Deut., 29, 18), et se contentera peut-être seulement de prospérer. Pour cela, une écoute mutuelle et sincère est essentielle, et non pas l'écoute obséquieuse de ceux qui poussent les juifs laïcs à la religion, ou l'écoute arrogante de ceux qui croient posséder toutes les réponses.

Les éléments tolérants et dynamiques que le judaïsme oriental a insufflés à Israël, la culture hébraïque issue des premières générations du sionisme, la littérature hébraïque contemporaine, la culture yiddish et ladino, les courants non orthodoxes du judaïsme, tout cela figure à l'ordre du jour de la culture israélienne contemporaine. Au lieu de polémiquer sur la question oiseuse de savoir « lequel d'entre nous ressemble davantage à mon trisaïeul ? », il serait préférable de soulever des questions plus fondamentales : que faire de l'héritage légué par toutes les générations ? Qu'y a-t-il au centre ? Et en marge ? Que faut-il leur adjoindre ? Et de quelle façon ? Et comment nous débarrasser de ce qui est dépassé ?

*

Quand le schofar a résonné au pied du mur occidental à la fin de la guerre des Six-Jours, la boîte de Pandore s'est ouverte. Depuis lors, les Israéliens, tant religieux que laïcs, à droite comme à gauche, sont obnubilés par la question des frontières de l'État et du drapeau qui devrait flotter sur les Lieux saints. Lequel drapeau ne leur confère pas la sainteté. La question des frontières est certes capitale, mais il faut vraiment être obsédé pour la considérer comme prévalant sur toutes les autres. Ce qui se passe à l'intérieur des frontières est cent fois plus important que leur tracé.

L'État d'Israël peut être un monstre ou une caricature à l'intérieur de frontières étendues, ou une société juste, morale et créative, valorisant son patrimoine et vivant en paix avec elle-même à l'intérieur de frontières étroites. Ce serait folie de laisser le problème des frontières vampiriser et fausser la réalité. Au cours de l'histoire juive, cette question n'a jamais été et ne sera jamais primordiale. Il serait temps de secouer cette espèce de torpeur hypnotique où nous plongent les mappemondes et d'aborder l'essentiel : que va-t-il se passer ici et maintenant ? Qu'allons-nous devenir ? Pourrons-nous encore accomplir dans ce pays d'autres objectifs que ceux qu'Israël a déjà réalisés et continue de mettre en œuvre ?

*

Des centaines de milliers de juifs en Israël et ailleurs, des jeunes pour la plupart, ont tendance à considérer le judaïsme comme un dangereux prolongement de l'extrémisme, une sorte de poing levé, nationaliste, brutal et oppressant. Une tentative d'extorsion. Ou un rouleau compresseur menaçant de pulvériser leur vie privée et leurs libertés individuelles. Ces angoisses mettent en péril le lien charnel que les juifs, en Israël comme en Diaspora, entretiennent avec leur héritage. Cette attitude de rejet incite certains à déclarer : « Bon, ces "corbeaux" n'ont qu'à se garder leur judaïsme et nous laisser tranquilles. »

La Bible, la Mishna, la Guemara, la liturgie, les livres et les rituels de prières, la poésie séfarade et hassidique – cette merveilleuse bibliothèque agresse aujourd'hui nombre de juifs qui y voient un autre rouleau compresseur, destiné à les broyer. De plus en plus de jeunes sont prêts à tout jeter aux orties et partir en quête d'une spiritualité complètement différente, peut-être même dans un ashram indien.

Pour moi, c'est un désastre; la raison pour laquelle les haredim, les nationalistes messianiques et nous-mêmes, les juifs séculiers, devrions nous remettre en question. Cela m'afflige de voir que de nombreux laïcs ont tendance à se sous-estimer face à la prétendue « authenticité » des juifs ultra-orthodoxes. À croire que les rabbins barbus avec leurs chapeaux et leurs manteaux noirs sont des juifs pur jus. La ligue nationale. Puis arrivent les juifs de première division, les colons qui, s'ils n'ont pas de chapeaux ni de manteaux noirs, traitent les Arabes comme ils le méritent et leur montrent qui sont les chefs. Un échelon plus bas, se situent les juifs « traditionalistes », lesquels entretiennent peu ou prou leur *yiddishkeit*, leur judaïté, jeûnent à Kippour (au moins jusqu'à midi), conduisent le shabbat, mais s'abstiennent de manger du porc. Au-dessous, il y a les « ploucs » – de braves juifs égarés, les « enfants captifs » mentionnés ci-dessus, des proies faciles pour les apôtres de la conversion.

Tout en bas de l'échelle se trouvent les pires, les moins juifs qui soient, les ennemis d'Israël, les plus goyim : les gauchistes, qui militent pour la paix et la protection des droits de l'homme, ne laissent pas passer la plus petite injustice ou spoliation nationaliste et n'ont que des slogans à la bouche : «Tu rechercheras la justice, rien que la justice» (Deut., 16, 20) ; «Vous appliquerez le même jugement pour l'étranger comme pour l'autochtone» (Lév., 24, 22) ; «Tu ne tueras point» ; «Recherche la paix et poursuis-la» (Ps., 34, 15). Si vous expulsez les familles des terroristes ou infligez une punition collective à tout un village arabe, ces gauchos vous rebattent les oreilles avec des concepts étrangers tels que : «Chacun sera mis à mort pour son propre méfait» (Deut., 24, 16). Où diable ces *Gentils* ont-ils été chercher ces bons sentiments ?

*

Il serait peut-être temps de reconsidérer la question de savoir : «Qui est juif ?» Non d'après les critères de l'état civil, mais plutôt : qui d'entre nous aurait le plus d'affinités avec notre ostracon de Khirbet Qeiyafa, et qui l'aurait déjà oublié ?

«Car mes pensées ne sont pas vos pensées, et vos voies ne sont pas mes voies, dit l'Éternel. Autant les cieux sont plus hauts que la terre, autant mes voies sont au-dessus de vos voies et mes pensées au-dessus de vos pensées» (Es., 55, 8-9). Qui serait tenté de négliger ces versets, ou convaincu d'accomplir la volonté divine, serait bien présomptueux. Nous n'avons pas de pape. Et c'est tant mieux. Méfions-nous de ceux qui prétendent comprendre le plan et le temps divins et s'efforcent de l'accomplir par des moyens politiques ou militaires. Beaucoup d'entre nous aspirent à cultiver et enrichir notre patrimoine ancestral. Mais la substance de notre héritage ne doit pas être assimilée au *Choulkhan aroukh*, qui pour le judaïsme a une valeur considérable, mais non pas souveraine. Le peuple juif existait avant le *Choulkhan aroukh*, et il y a une vie en dehors de lui et après. En outre, nous possédons d'autres trésors qui se situent bien au-dessus du *Choulkhan aroukh*, comme le petit tesson d'argile de Khirbet Qeiyafa, par exemple. Ou encore les prophètes et leurs préceptes moraux.

La démocratie et le pluralisme ne sont que les expressions populaires du caractère sacré de la vie et de l'égalité de la valeur humaine. Ce sont des manifestations de l'adage talmudique : « Celui qui sauve une seule vie, c'est comme s'il sauvait un monde » (Mishna, Sanhédrin, 4, 5). Ces notions ne sont pas étrangères, ni « importées ». La sainteté de la vie humaine découle directement du noyau le plus intime du génie juif dans ce qu'il a de meilleur. À mon sens, on peut mettre sur le même plan : « Tu n'infligeras pas la souffrance » et « Ne fais pas à autrui ce que tu ne voudrais pas qu'on te fasse ».

Les laïcs sont eux aussi les légataires de la culture juive. Ils ne sont pas les seuls, mais ils sont parfaitement légitimes. Et ils ne sont pas esclaves de leur héritage. Au contraire : ils peuvent choisir d'en privilégier une partie plutôt qu'une autre. Si j'hérite de la maison de mes parents, j'ai tout loisir de décider quels meubles seront entreposés à la cave ou au grenier et lesquels resteront au salon. Évidemment, la génération suivante a le droit d'inverser l'ordre des choses : elle peut récupérer au sous-sol ou au grenier ce que j'y ai entreposé et réaménager le salon.

Rabbi Yonatan ben Yosef a dit du shabbat : « Car c'est une chose sainte pour vous, c'est-à-dire que le shabbat a été remis entre vos mains, et non pas vous entre les mains du shabbat » (TB, Yoma, 85 b). C'est exactement ainsi que nous pourrions décrire le conflit qui nous oppose aux haredim comme aux colons messianiques : nous, les juifs séculiers, croyons que notre passé nous appartient et que nous n'appartenons pas au passé. Tel est plus ou moins le fond du problème : contrôlons-nous le passé ou lui sommes-nous asservis ? Il y a environ un siècle, Micha Josef Berditchevski écrivait : « La loi primordiale du judaïsme : l'être humain l'emporte sur son patrimoine ancestral. »

Ce qui fleurit aujourd'hui peut fertiliser ce qui fleurira demain, et ce qui fleurit demain pourrait ressembler, à l'inverse, à ce qui s'est épanoui hier. Il y a des saisons dans la vie d'une culture. Pendant des milliers d'années, la culture juive a assimilé les semences pollinisatrices d'autres cultures et a dispersé ses propres étamines dans différents mondes. Tout cela, pour moi, est condensé dans un demi-verset biblique : « Renouvelle nos jours comme au temps jadis » (Lament., 5, 21).

Il est impossible de se renouveler sans le temps jadis, et le temps jadis ne peut exister sans renouveau.

Des rêves auxquels Israël devrait renoncer au plus vite[1]

Nous commencerons par une question de vie ou de mort, fondamentale pour Israël : s'il n'y a pas deux États ici très bientôt, il n'y en aura plus qu'un seul. Et s'il y a un seul État, ce sera un État arabe qui s'étendra de la Méditerranée jusqu'au Jourdain. Juifs et Arabes peuvent et doivent vivre ensemble, mais à mon sens, il est inacceptable de vivre en tant que minorité juive sous domination arabe, car presque tous les régimes arabes du Moyen-Orient oppriment et exploitent leurs minorités. Et surtout, parce que je défends le droit des Juifs israéliens, comme de n'importe quel autre peuple, à être une nation majoritaire, même sur un minuscule lopin de terre.

J'ai mentionné un État arabe entre la Méditerranée et le Jourdain ; je n'ai pas parlé d'un État binational. À

1. Cet essai s'inspire d'une conférence prononcée lors d'un colloque à la mémoire du lieutenant-général Amnon Lipkin-Shahak au Centre interdisciplinaire d'Herzliya, ainsi que d'une autre version donnée dans le cadre de l'Institut d'Études de Sécurité nationale (INSS) en 2015.

l'exception de la Suisse, tous les États binationaux et multinationaux sont fortement déstabilisés (Belgique, Royaume-Uni, Espagne) ou en proie à un conflit sanglant (Liban, Chypre, ex-Yougoslavie, ex-Union soviétique).

Sans l'option rapide de deux États, il est fort probable que, afin d'empêcher l'établissement d'un État arabe coincé entre la Méditerranée et le Jourdain, s'instaure une dictature temporaire de Juifs fanatiques, un régime raciste qui opprimera à la fois les Arabes et ses opposants juifs. Ce genre de dictature ne durera pas. Aucune minorité opprimant une majorité n'a perduré dans l'histoire moderne. Et au bout du compte, il faudra s'attendre à la création d'un État arabe entre la Méditerranée et le Jourdain, suite à un boycott international ou à un bain de sang, voire aux deux.

Diverses autorités autoproclamées affirment qu'il n'existe aucune solution au conflit et prônent par conséquent la « gestion du conflit », semblable en tout point au cycle des guerres le long des frontières nord et sud d'Israël au cours des dernières décennies. La « gestion du conflit » implique des affrontements en série : la première guerre du Liban, la deuxième, la troisième, la quatrième et la cinquième, les opérations militaires à Gaza, connues sous le nom de « Plomb durci », « Pilier de défense », « Colonne de nuée », auxquelles on pourrait ajouter « Arc bandé », « Bottes de fer » et « Poings sanglants ». Et peut-être une autre intifada ou deux à Jérusalem et en Cisjordanie, jusqu'à l'effondrement de l'Autorité palestinienne et la montée du Hamas, ou une entité encore plus radicale. Tel est le sens de la « gestion du conflit ».

Envisageons un instant les solutions. Depuis plus d'un siècle (nos *Cent ans de solitude* à nous), nous n'avons jamais eu une meilleure occasion d'y mettre fin. Non que les Arabes soient soudain devenus sionistes, ou prêts à reconnaître notre droit historique à la terre d'Israël, mais parce qu'à l'heure actuelle, comme dans un futur proche, l'Égypte, la Jordanie, l'Arabie saoudite, les Émirats, les pays du Maghreb et même la Syrie d'Assad ont à affronter un ennemi bien plus immédiat, plus destructeur et dangereux qu'Israël.

Il y a un peu plus de dix ans, en 2002, le plan de paix saoudien, en fait une initiative de la Ligue arabe, était à l'ordre du jour. Je ne recommande pas qu'on s'empresse de signer la ligne en pointillé au bas de la dernière page, mais je suggère d'entamer des négociations. Si nous nous y étions employés, peut-être nous trouverions-nous à l'heure qu'il est dans une situation complètement différente. Aurions-nous reçu une proposition similaire au temps de Ben Gourion et de Levi Eshkol, à l'époque des trois « non » au sommet de la Ligue arabe à Khartoum, en 1967, que nous serions tous (ou presque) sortis danser de joie dans les rues.

Je ne doute pas que mon propos sera sujet à controverse : depuis la guerre des Six-Jours en 1967, nous n'avons pas gagné une seule guerre. Y compris la guerre du Kippour. Il ne s'agit pas d'un match de basket, où le joueur qui a marqué le plus de points décroche la coupe avec en prime une poignée de main. En temps de guerre, même si nous avons brûlé plus de chars que nos ennemis, abattu plus d'avions, contrôlé plus de territoires ou si leurs pertes sont supérieures aux nôtres, cela ne signifie pas pour autant que nous avons remporté la bataille. Le vainqueur est celui qui a atteint ses objectifs, et le vaincu celui qui ne les a pas atteints. Durant la guerre du Kippour, l'objectif de Sadate était de briser le statu quo qui prévalait depuis la guerre des Six-Jours, et il y est parvenu. Nous avons perdu parce que nous n'avons pas réalisé notre objectif, et nous ne l'avons pas réalisé parce que nous n'en avions pas et que, de toute façon, nous n'aurions pas pu avoir un objectif susceptible d'être atteint par la puissance militaire. (Ce point a été souligné par mon ami, feu le général Israël Tal.)

Je n'affirme pas que la puissance militaire est superflue. En aucune façon. Voilà des dizaines d'années que nos forces armées servent de tampon entre nous et l'annihilation. Mais concernant Israël et ses voisins, notre armée n'a qu'un pouvoir de prévention, il ne faut pas l'oublier. Elle peut seulement empêcher une catastrophe, l'anéantissement, des pertes civiles massives. Nous ne pouvons pas gagner une guerre, pour la bonne raison que nous n'avons pas d'objectifs nationaux consensuels, susceptibles d'être réalisés par la force militaire. Voilà pourquoi, je l'ai dit, je vois dans l'idée de « gestion du conflit » une simple recette pour régler les problèmes les uns après les autres, voire des défaites en série.

Un très (trop) grand nombre d'Israéliens croient – ou ont été conditionnés à croire – que si nous nous emparions d'une massue pour assener le coup de grâce aux Arabes, ils trembleraient de peur et nous ficheraient la paix, de sorte que tout irait pour le mieux dans le meilleur des mondes. Sauf que, matraque ou pas, les Arabes ne nous fichent pas la paix depuis près d'un siècle. Le conflit entre Israël et la Palestine est une blessure vive depuis plusieurs décennies. Une plaie purulente. Il ne sert à rien de brandir un gros bâton et de frapper cette blessure sanglante dans l'espoir que, de peur, elle se refermera et ne saignera plus. Il faut qu'une plaie cicatrise, et il existe un moyen efficace de la guérir graduellement.

Pendant ce temps, le régime de coercition imposé par Israël dans les territoires occupés fragilise l'Autorité palestinienne. Après sa chute, nous nous retrouverons dans le meilleur des cas face au Hamas en Cisjordanie. Des millions de Palestiniens dans les territoires sont quotidiennement humiliés, opprimés et privés de leurs droits. Leur dignité humaine et nationale est bafouée, leurs biens confisqués et leur existence sous occupation israélienne est indigne d'être vécue. Environ un tiers de la Cisjordanie a été spolié par Israël, et ce n'est pas fini.

La droite et les colons affirment que nous avons le droit légitime de revendiquer la totalité de la terre d'Israël ainsi que le mont du Temple. Mais que signifie «légitimité» dans leur bouche? Pas «ce dont j'ai envie et que je crois amplement mériter». La légitimité repose sur la reconnaissance générale. Si tel n'est pas le cas, ou si seule une poignée d'individus en convient, totalement ou partiellement, il ne s'agit plus d'un droit mais d'une revendication. Et c'est là que réside la différence entre Ramleh et Ramallah, Haïfa et Naplouse, Beersheba et Hébron. Le monde entier, y compris la majorité des puissances arabes et musulmanes (à l'exception du Hamas, du Hezbollah et de l'Iran), reconnaît aujourd'hui que Haïfa et Beersheba font partie intégrante d'Israël. Mais personne, à l'exception des colons et de leurs partisans issus de la droite chrétienne radicale américaine, ne concède que Naplouse et Ramallah nous appartiennent. Voilà la différence entre un droit et une revendication.

«Nous exigeons la totalité d'Eretz Israël», clament les colons et leurs partisans. En fait, cela signifie tout autre chose : à leurs yeux, ce n'est pas seulement un droit mais un devoir, le commandement religieux de posséder chaque arpent de la terre biblique. Quand je m'arrête devant un passage pour piétons, j'ai bien sûr le droit de traverser la rue. Mais si je vois un camion foncer sur moi à 100 km/h, rien ne m'oblige à traverser. Nos fanatiques sont convaincus que notre devoir religieux consiste à traverser en dépit du danger, car en Dieu est notre salut.

Prenons, par exemple, le mont du Temple. Pourquoi les juifs n'auraient-ils pas le droit d'y prier? Mais nous avons aussi la prérogative de choisir de ne pas exercer ce droit, du moins pas au cours de cette génération. Ce conflit avec deux cents millions d'Arabes laisse froids certains d'entre nous, ils en ont assez, ils sont blasés, bref, ils veulent de l'action. Ils souhaitent faire la guerre à l'islam tout entier. L'Indonésie, la Malaisie, l'Iran, la Turquie et le Pakistan nucléaire. Vaut-il vraiment la peine de mourir pour pouvoir prier au mont du Temple ? Aucun commandement en ce sens ne figure dans les sources juives. Le désir de prier au mont du Temple n'entre pas dans la catégorie du précepte « mourir plutôt que transgresser », pas même selon la *Halakha*. Si vous voulez vous opposer à l'islam à cause du mont du Temple au risque d'embraser la planète – allez-y, je vous en prie, mais sans moi ni mes enfants. Et sans mes petits-enfants non plus.

Seulement mener la guerre contre l'islam ne suffit pas. Certains s'évertuent à engager les hostilités contre le monde entier. Il y a une quarantaine d'années, au lendemain des élections de 1977 qui ont porté le Likoud au pouvoir pour la première fois, le rédacteur en chef d'un journal jubilait à l'idée de ce revirement au point qu'il avait commencé son édito par cette phrase mémorable : « La victoire du Likoud aux élections israéliennes a remis l'Amérique à sa place. » Aujourd'hui, nous assistons à une nouvelle tentative d'Israël de remettre le monde entier à sa place. De briser l'alliance entre la majorité des Américains et Israël, ou de la remplacer par une alliance restreinte entre notre extrême droite et la leur. Au cours des mois de combat autour du dossier nucléaire iranien, voici ce que certains nous ont déclaré : « Le leader du monde libre se bat tout seul contre l'armement nucléaire iranien. Pourquoi le président Obama s'acharne-t-il à lui mettre des bâtons dans les roues ? »

L'élection de Donald Trump à la présidence des États-Unis a grisé les colons et leurs partisans, comme s'ils avaient établi une nouvelle implantation au cœur même de la Maison-Blanche. Il convient de rappeler que la majorité des électeurs américains a voté contre Trump, et que la plupart de ses partisans ne l'ont pas élu parce qu'ils soutiennent l'idée d'un Grand Israël juif. En fait, Trump et son administration ne préconisent pas l'annexion des territoires contrôlés par Israël, ni la création d'un État élargi, où les Juifs vivraient dans les étages réservés aux maîtres et les Palestiniens dans les quartiers des domestiques, au sous-sol. Mis à part les colons et les fanatiques chrétiens américains qui les encouragent, le monde entier fait front commun contre l'occupation israélienne de la Cisjordanie et de la population palestinienne.

*

Il ne faut pas oublier qu'à deux reprises au moins dans notre histoire nous sommes entrés en collision frontale avec une superpuissance. À chaque fois – contre Babylone et Rome, par exemple –, cela a mal tourné.

Un jour pas si lointain, les mécaniciens à Amsterdam, Dublin ou Madrid refuseront d'assurer la maintenance des appareils d'El Al. Les consommateurs boycotteront les produits israéliens. Investisseurs et touristes se détourneront d'Israël. L'économie israélienne s'effondrera. Nous sommes déjà mal partis.

David Ben Gourion nous a enseigné que le pays ne peut survivre sans le soutien d'au moins une superpuissance. Laquelle ? Cela a évolué dans le temps : au départ, c'était la Grande-Bretagne, puis la Russie de Staline, ensuite, brièvement, l'Angleterre et la France, et depuis quelques décennies, l'Amérique. Sauf que l'alliance avec les États-Unis n'est pas une loi de la nature. C'est un paramètre variable qui n'a rien de permanent.

*

L'une des caractéristiques essentielles des êtres humains, comme des nations, est de faire la différence entre le permanent et le transitoire. Durant des dizaines d'années, par exemple, nous étions paniqués à l'idée que, si nous rendions les territoires, nous assisterions à « l'invasion de Kfar Saba par les chars soviétiques du pacte de Varsovie ». Personne ne peut garantir que tout serait merveilleux si nous rendions les territoires, mais nous pouvons affirmer avec certitude qu'il n'y aura pas de chars soviétiques dans Kfar Saba. Il ne faut pas confondre une variable et une constante.

Les mêmes alarmistes en série qui nous ont terrifiés avec l'Armée rouge aux portes de Kfar Saba cherchent à présent à nous convaincre que, si nous nous retirions des territoires, des roquettes tomberaient aussitôt sur Tel-Aviv, l'aéroport Ben-Gourion et Kfar Saba. Que cela soit vrai ou non, je peux certifier avec l'autorité d'un sergent-chef de Tsahal que ces sites peuvent déjà être atteints, non seulement par des tirs de missiles lancés depuis Qalqilya en Cisjordanie, mais aussi depuis l'Irak, le Pakistan, voire l'Indonésie. Une fois de plus, nous ne parvenons pas à distinguer le temporaire du permanent. Peut-être pas aujourd'hui, mais sans doute demain ou après-demain, des frappes ciblées seront envisageables de n'importe quel point du globe vers n'importe quel autre, provoquant de nombreuses victimes. Allons-nous lancer Tsahal à la conquête de la planète tout entière ?

Il ne faut pas croire que notre alliance avec les États-Unis est un principe immuable. La situation peut évoluer. Mais le fait que les Palestiniens sont nos voisins et que nous vivons au cœur du monde arabe et musulman sont en revanche des paramètres permanents. Même la menace nucléaire de l'Iran est une variable et non pas une constante, car même si Israël, ou un autre pays, parvenait à détruire les installations nucléaires iraniennes, nous ne pourrions pas anéantir le savoir-faire qu'il possède. En outre, le Pakistan nucléaire risque de devenir un État islamiste encore plus radical que l'Iran. Qui empêchera les richissimes ennemis d'Israël d'acheter des armes nucléaires prêtes à l'emploi et de les diriger contre nous? D'ici quelques années, on pourra se procurer facilement des armes de destruction massive. Sur ce point également, il est essentiel d'apprendre à différencier le temporaire du permanent. La force de dissuasion d'Israël est un invariant, alors que les capacités de nos ennemis, nucléaires ou autres, sont un paramètre fluctuant et indépendant de nous.

J'ai déjà dit que, contrairement à certains de mes amis de la gauche «colombe», je ne peux pas certifier que tout sera rose si nous signons un accord de paix et nous retirons des territoires. Mais je suis sûr que ce sera pire si nous y restons. À terme, un État arabe émergera entre la Méditerranée et le Jourdain. Sur ce point, certaines «colombes», y compris moi-même, ne sont pas à l'abri des critiques. Des millions d'Israéliens seraient prêts à renoncer aux territoires en échange de la paix, seulement ils ne font pas confiance aux Arabes. Ils refusent d'être les dindons de la farce. Ils ont peur. Personne ne devrait sous-estimer leurs craintes ni s'en moquer, même si nous pouvons essayer de les désamorcer et les tempérer. Et ce ne serait d'ailleurs peut-être pas un mal si la gauche colombe israélienne partageait ces craintes à son tour. Il y a de bonnes raisons à cela. Quoi qu'il en soit, on ne devrait jamais railler ou dénigrer quelqu'un qui a peur, que ce soit justifié ou non. L'échange territoires-paix doit susciter un débat de fond, en pesant un danger contre un autre.

Une autre erreur souvent commise par certains de mes amis « colombes » est de croire que la paix se trouve à portée de main dans un magasin de jouets : il suffit de tendre le bras pour l'attraper. Rabin y était presque parvenu dans le cadre des accords d'Oslo, mais il a été trop pingre, il a refusé de payer au prix fort et il ne nous a pas rapporté le jouet. Ehoud Barak y était presque arrivé à Camp David, mais lui aussi était trop avare et il est reparti sans la paix. Le même scénario s'est reproduit avec Ehoud Olmert – un père grippe-sou, qui ne nous aimait pas assez, sinon il aurait payé plein pot et nous aurait rapporté cette paix tant convoitée depuis si longtemps.

De mon point de vue, c'est inacceptable. Pour faire la paix, il faut plus d'un partenaire. «Tu ne peux pas applaudir d'une seule main», dit un dicton arabe. Aujourd'hui, nous avons un partenaire avec qui négocier. Ceux qui manipulent nos esprits nous ont rabâché à l'envi que Arafat était trop fort et malveillant, et maintenant on nous affirme que Abou Mazen est trop faible. Tant que les Palestiniens chercheront à nous tuer, dit-on, nous ne pourrons pas conclure la paix et il n'y aura d'ailleurs aucune raison de le faire, quand ils auront cessé de nous massacrer.

Ma position sioniste, depuis le départ, est très simple : nous ne sommes pas seuls sur cette terre. Nous ne sommes pas seuls à Jérusalem. Je dis la même chose à mes amis palestiniens : vous n'êtes pas seuls sur cette terre. L'autre face de l'alternative serait de diviser cette petite maison en deux appartements encore plus petits. Un logement pour deux familles. Si quelqu'un de part et d'autre de la barrière israélo-palestinienne déclarait : « C'est ma terre », il aurait raison. Mais s'il affirmait : « Cette terre, entre la Méditerranée et le Jourdain, est à moi et à moi seul », ce serait un homme assoiffé de sang.

En fait, les Palestiniens mènent contre nous deux guerres différentes : d'une part, nombreux sont ceux qui luttent pour la fin de l'occupation et leur indépendance nationale, pour être « un peuple libre sur sa terre », en citant notre hymne national. N'importe quel homme doué de raison doit soutenir une telle lutte, mais pas forcément tous les moyens utilisés par les Palestiniens. D'un autre côté, de nombreux Palestiniens s'opposent à l'islam fanatique, qui aspire à anéantir Israël en tant qu'État des Juifs et de tous ses citoyens. Selon l'islam fanatique, les Juifs sont trop méprisables pour être considérés comme une nation et, tout au plus, ils sont autorisés à prier dans les synagogues et à exister en tant qu'individus de seconde zone (« dhimmis »), sous la « protection » de l'État islamique, tels les juifs du Yémen, d'Irak, d'Iran et de Syrie pendant des générations. C'est une guerre criminelle et détestable.

L'origine de la confusion et de la simplification excessive qui règne chez nous, Israéliens, et dans le monde entier, consiste en ce que nombre de Palestiniens luttent sur ces deux fronts. Et même les gens raisonnables, champions de la paix et de la justice en Israël et ailleurs, tombent dans le panneau. Soit ils défendent avec acharnement l'occupation des territoires au motif qu'Israël est victime du djihad et que l'occupation est un acte d'autodéfense, soit ils dénigrent Israël, affirmant que l'occupation est la seule source du mal et que, par conséquent, les Palestiniens ont le droit de verser le sang des Israéliens.

Deux combats se déroulent sur cette terre : l'un excessivement juste et l'autre, totalement inique. Dr. Jekyll et Mr. Hyde. Tout comme Israël, lui aussi à la fois Dr. Jekyll et Mr. Hyde, qui mène deux guerres simultanées : l'une parfaitement légitime pour le droit du peuple juif à être une nation libre sur sa propre terre, et l'autre barbare à force d'injustice, d'oppression et de spoliation, visant à rajouter deux ou trois pièces supplémentaires à notre appartement aux dépens de nos voisins palestiniens, à voler leurs terres et à leur refuser le droit à la liberté.

L'idée d'un État binational, à laquelle adhèrent l'extrême gauche et quelques membres de la droite hallucinée, est une triste plaisanterie. Nous ne pouvons pas nous attendre à ce que les Israéliens et les Palestiniens, après un siècle de sang versé, de larmes et de catastrophes, couchent ensemble dans un grand lit et entament leur lune de miel. Si quelqu'un avait proposé en 1945 d'unir la Pologne et l'Allemagne en un État binational, on l'aurait sans aucun doute interné sur-le-champ.

Quelques jours après la grande victoire de la guerre des Six-Jours, j'ai écrit un article sur «l'effet délétère de l'occupation prolongée chez l'envahisseur». Déjà, je craignais que l'occupation ne dévoie aussi les vaincus. Nombre d'intellectuels, dont Yeshayahou Leibowitz, étaient de mon avis à cette époque.

Les Palestiniens et les Israéliens ne peuvent pas devenir une famille heureuse du jour au lendemain. Il nous faut deux États. Plus tard, il pourrait y avoir une coopération, un marché commun, une fédération. Mais au premier stade, le pays serait le foyer de deux familles, parce que nous, les Israéliens juifs, ne partirons nulle part. Nous n'avons nulle part où aller. Les Palestiniens ne partiront nulle part eux non plus. Ils n'ont nulle part où aller. Le conflit qui nous divise n'est pas un western hollywoodien où s'affrontent les bons et les méchants, mais une tragédie qui oppose la justice à la justice. Je le croyais déjà, il y a près de cinquante ans, et j'y souscris aujourd'hui encore. La justice contre la justice, et souvent, à ma grande tristesse, l'injustice contre l'injustice.

Lorsqu'un patient souffrant de multiples blessures est transporté au bloc opératoire, le chirurgien se demande par quelle opération commencer. Quelle est la plus urgente ? Quelle lésion pourrait tuer le blessé ? Dans le cas d'Israël, le danger existentiel réside dans son conflit permanent avec les Arabes, lequel risque de dégénérer en une confrontation avec le reste du monde et mettre en péril notre existence même.

Le moment est venu de dévoiler le secret sécuritaire le mieux gardé d'Israël : nous sommes plus faibles – et nous l'avons toujours été – que l'ensemble de nos ennemis. Pendant des décennies, on leur a farci la cervelle d'une rhétorique sauvage préconisant de détruire Israël et de jeter les Juifs à la mer. Mais pourquoi n'ont-ils pas expédié un million de soldats pour nous combattre – ou deux ou trois millions ? Ils n'ont jamais envoyé plus de quelques dizaines de milliers de personnes, parce que, en dépit de cette rhétorique meurtrière, l'existence d'Israël n'a jamais été une question de vie ou de mort pour la Syrie, la Libye, l'Égypte ni même l'Iran. C'est peut-être le cas pour les Palestiniens, mais heureusement pour nous, ils sont trop peu nombreux et trop faibles pour nous vaincre. Une confédération de nos ennemis aurait pu nous détruire depuis longtemps si, Dieu nous en préserve, ils étaient suffisamment motivés et pas seulement nourris de rhétorique et de propagande. Notre prochaine aventure sur le mont du Temple pourrait, à Dieu ne plaise, susciter cette motivation.

Je ne suis pas certain qu'il soit réaliste de mettre fin à la guerre contre les Arabes du jour au lendemain. Mais on peut toujours essayer. Il y a longtemps, je crois, il aurait été possible de ramener le conflit israélo-palestinien à un différend entre Israël et Gaza.

*

Nul n'est prophète en son pays, surtout au pays des prophètes. La concurrence est rude. Mais l'expérience m'a appris qu'au Moyen-Orient les mots « pour toujours », « jamais » et « à aucun prix » peuvent signifier entre six mois et trente ans. Si l'on m'avait dit, alors que j'étais réserviste dans le Sinaï pendant la guerre des Six-Jours, puis sur le Golan pendant la guerre du Kippour, qu'un jour je me rendrais en Égypte et en Jordanie muni d'un visa en bonne et due forme figurant sur mon passeport israélien, moi, la colombe, le pacifiste, je me serais écrié : « On se calme, là. Peut-être mes enfants ou mes petits-enfants, mais pas moi. »

*

Depuis quelque temps, le mot « irréversible » m'irrite et me révulse profondément. L'extrême droite, d'une part, et les cercles postsionistes et antisionistes en Israël et à l'étranger, d'autre part, semblent avoir conclu un pacte secret, une conspiration, pour faire croire que l'occupation des territoires par Israël est irréversible, que les implantations sont irréversibles, que la solution à deux États est irréversiblement perdue. La droite fanatique emploie « irréversible » pour nous signifier que l'annexion des territoires par Israël est définitive et absolue, et que si nous refusons de vivre sous la domination d'une majorité arabe entre la Méditerranée et le Jourdain, nous devrons tout simplement renoncer à la démocratie. Il nous faudra accepter que les Juifs contrôlent le Grand Israël et que les Arabes soient de « joyeux bûcherons et des porteurs d'eau » reconnaissants. Vous, les Israéliens juifs qui valorisez tant la démocratie, vous devrez désormais l'oublier, nous lancent nos fanatiques avec une sorte de jubilation malsaine. Si vous ne voulez pas vivre dans un État arabe à majorité arabe, vous devrez abandonner votre démocratie bien-aimée, l'État de droit, la Cour suprême et vous résigner à vivre sous la domination des rabbins des collines. Cela ne vous plaît pas ? Dans ce cas, dégagez et bon vent !

Les postsionistes et les antisionistes de Tel-Aviv et jusqu'aux campus universitaires occidentaux répètent la même antienne : l'occupation est « irréversible » et, comme en Afrique du Sud, nous devons choisir entre vivre en tant que nation souveraine dans un État d'apartheid juif, abandonner le rêve sioniste et nous résigner à être une minorité sous la domination arabe. Ça ne vous emballe pas ? Vous pouvez aller voir ailleurs.

La tenaille de la gauche et de la droite qui se referme sur nous, ce double lavage de cerveau, la bombe à retardement de l'« irréversibilité » de la situation, tout cela est destiné à briser l'esprit de la gauche sioniste, qui s'oppose à l'occupation et refuse de contrôler une autre nation, mais continue de croire que le peuple juif a un droit naturel, historique et légitime à une existence souveraine en tant que majorité, ne serait-ce que dans un minuscule État démocratique. La gauche sioniste est vomie par les colons des collines d'une part, et par le front post-sioniste et antisioniste d'autre part. Ils la vouent aux gémonies depuis des années et rêvent de la réduire à néant. On dirait presque que ces deux extrêmes ont conspiré pour nous décourager et nous forcer à opter entre abandonner le sionisme ou la démocratie. Ils espèrent que ce choix cornélien sera si douloureux qu'il ne nous restera plus qu'à débarrasser le plancher.

*

Mais au fond, que signifie le terme « irréversible » ? Qu'y a-t-il d'irréversible dans l'occupation israélienne et la répression exercée sur les territoires palestiniens ?

Qui a vu de ses yeux, comme moi, la fondation de l'État d'Israël trois ans à peine après le meurtre des Juifs d'Europe par les nazis ne s'empressera pas d'accepter le terme « irréversible ». Qui a vu Charles de Gaulle, le héros de la droite française, accorder l'indépendance à l'Algérie, annexée par la France et peuplée de centaines de milliers de colons français fanatiques, ne s'empressera pas de prendre les menaces des prophètes de l'« irréversible » au pied de la lettre. Qui a vu le pacifiste Levi Eshkol (originaire du kibboutz Degania), après la guerre des Six-Jours, diriger l'État juif dans ses frontières les plus élargies depuis le royaume de David ; qui a vu Menahem Begin, le chef de la droite israélienne, démanteler l'« empire » d'Eshkol dix ans plus tard exactement afin de signer un accord de paix avec l'Égypte ; qui a assisté au discours du président Sadate, « roi des Arabes » et principal ennemi d'Israël, devant la Knesset pour offrir la paix et la reconnaissance en échange de territoires et a vu Menahem Begin lui serrer la main ; qui a été témoin de John F. Kennedy, héros de la gauche américaine, enliser les États-Unis dans le bourbier du Vietnam, dont Richard Nixon, un homme de droite, les en a tirés ; qui a observé Yitzhak Rabin et Shimon Peres, deux faucons militant pour les implantations, serrer la main de Yasser Arafat et tenter de parvenir à un compromis visant à aboutir à la création de deux États ; qui a vu le jeune adhérent au Komsomol, Mikhaïl Gorbatchev, démembrer l'empire soviétique ; qui a vu les bulldozers d'Ariel Sharon raser les colonies de Sharon à Gaza…, qui a vu tout cela et plus encore n'avalera pas facilement la pilule de désespoir connue sous le nom de « situation irréversible ». J'affirme par ailleurs que le fanatisme des colons radicaux peut être réversible lui aussi. De même que le dogmatisme de la gauche antisioniste. Et si la seule chose irréversible était la mort ? On s'en assurera tôt ou tard, d'une manière très personnelle.

En guise de conclusion, abandonnons un instant la peur existentielle et attardons-nous sur le fait qu'Israël connaît un âge d'or culturel dans la littérature, le cinéma, la musique, le théâtre, les beaux-arts, la philosophie, la science et la technologie. On a généralement la nostalgie d'un « âge d'or » après sa disparition. Or Israël est à l'apogée de cette ère créative depuis plusieurs décennies. Tel-Aviv, par exemple, la première ville hébraïque, est pour moi une création collective israélienne non moins importante, voire plus importante encore que la littérature rabbinique rédigée en exil ou la codification de la loi juive contenue dans le *Choulkhan aroukh*. Tel-Aviv, une cité à taille humaine, n'est qu'une des créations collectives d'Israël parmi d'autres villes, bourgades, villages, moshavim et autres kibboutzim.

Certains considèrent cette nouvelle culture hébraïque comme « trop gauchiste ». Il existait – et il existe encore – des régimes hostiles à la culture, essentiellement parce que la majorité des figures culturelles de renom ont presque toujours une propension à l'opposition. Cependant, à des époques et dans des espaces différents, de nombreux artistes plutôt de droite que de gauche étaient des opposants au régime. C'était le cas en Israël il y a une cinquantaine d'années, sous un gouvernement de gauche – presque tous les grands auteurs adhéraient alors au mouvement du Grand Israël, à l'extrême droite du spectre politique.

Une petite confession à présent : j'aime Israël même quand je ne le supporte pas. Imaginons qu'un jour je tombe dans la rue, je préférerais de loin que cela m'arrive en Israël. Pas à Londres, ni à Paris, Berlin ou New York. Ici, des passants me relèveront immédiatement. (Bien sûr, une fois que je serai remis sur pied, beaucoup se réjouiront de me voir retomber.)

J'appréhende l'avenir. Je redoute la politique du gouvernement et j'en ai honte. J'ai peur du fanatisme et de la violence, de plus en plus répandus en Israël, et je n'en suis pas fier. Mais j'aime être israélien. J'aime être citoyen d'un pays où se trouvent huit millions et demi de Premiers ministres, huit millions et demi de prophètes, huit millions et demi de messies. Chacun a sa propre formule de rédemption, ou au moins un début de solution. Tout le monde vocifère et peu écoutent. On ne s'ennuie jamais. C'est exaspérant, révoltant, décevant, parfois frustrant et rageant, mais presque toujours passionnant et excitant. Ce que j'ai vu ici, au cours de ma vie, est bien davantage et, en même temps, bien moins que ce dont mes parents et leurs parents ont jamais rêvé.

BIBLIOGRAPHIE

Chers fanatiques

NATHAN ALTERMAN, « Éloge de la légèreté », in *La ville de la colombe* (en hébreu), Mahbarot Lesifrout, 1958, pp. 320-322.

YEHUDA AMICHAÏ, « Là où nous avons raison », in *Poèmes* (en hébreu), 1948-1962, Schocken, 1963, p. 183.

MONTY PYTHON, *La vie de Brian*, 1979.

AMOS OZ, *Une panthère dans la cave*, trad. Sylvie Cohen (Folio, Gallimard, 2004).

GALIA OZ, *Rebelling against the Kingdom* (documentaire diffusé sur la Première chaîne, 2007).

Non pas une lumière, mais plusieurs

S.Y. AGNON, *L'hôte de passage*, trad. Ruth Leblanc et André Zaoui, Albin Michel, 1974.

NATHAN ALTERMAN, « Avec la première Assemblée », in *Hatur Hachevi'i* (*La septième colonne*) (en hébreu), vol. 2, Davar, 1953, p. 44.

YEHUDA AMICHAÏ, « Dieu miséricordieux », in *Poèmes* (en hébreu), 1948-1962, p. 69.

M. Berditchevski, *Contradiction and Building*, in *Tous les articles de Micha Josef Bin-Gorion* (recueil d'essais, en hébreu), Am Oved, 1952, pp. 29-30.

Haim-Nahman Bialik, « Massacre », in *Un voyage lointain, Poèmes*, trad. Ariane Bendavid, Stavit, 2004.

Uri Zvi Greenberg, « Au bout du chemin se dresse Rabbi Levi Yitzhak de Berditchev réclamant à grands cris une réponse d'en haut », in *Les rues de la rivière* (en hébreu), Schocken, 1954, pp. 271-275.

Shlomo Tsemach, *Essay and Criticism* (en hébreu), Dvir, 1954, p. 35. Citation de Shlomo Tsemach sur les principaux personnages de Brenner : « Ses personnages défient Dieu – preuve que Dieu est dans leur cœur. »

S. Yizhar, *The Courage to be Secular* (en hébreu), Shadmot 79, 1981.

S. Yizhar, *Hirbat-Hiza*, trad. Laurent Schuman, Galaade, 2010.

Des rêves auxquels Israël devrait renoncer au plus vite

Amos Oz, « *The Minister of Defence and the Lebensraum* », in *Under this Blazing Light* (en hébreu), Sifriat Poalim, 1978, pp. 69-73 (initialement publié dans *Davar*, 22 août 1967, puis aux éd. Keter, 2010).

REMERCIEMENTS

Plusieurs personnes ont relu tout ou partie du manuscrit au cours des différentes phases de sa rédaction et m'ont apporté leur précieux concours par leur sagacité, leur savoir et leur affection.

Je tiens à leur exprimer ma profonde gratitude :

Nilli Oz
Fania Oz-Salzberger
Eli Salzberger
Daniel Oz

Noa et Yoram Amit
Uzi Baram
Nahum Barnea
Haïm Be'er
Charles Buchan
Nissim Calderon
Nilli Cohen
Ilan Bar David
Eran Dolev
Emuna Elon
Tzvia Glazerman
Mark Glazerman
Nurit Graetz
Dalit Green
David Grossman
Shira Hadad
David Hen
Avner Holtzman
Shai Huldai
Aviad Kleinberg
Gafnit Lasri Kokia
Niva Lanir
Dan Laor
Rabbin Binyamin Lau
Avishai Margalit
Einat Niv
Haïm Oron
Deborah Owen
Aliza Raz-Melzer
Tzali Reshef
Yigal Schwartz
Anita Shapira
Avraham Shapira
Yuval Shimoni
Gadi Taub
Muki Tzur
Miri et David Varon
Avinoam Werbner
Andrew Wylie
Menahem Ya'ari
Dalia Yairi
A.B. Yehoshua
Dorit Zilberman

Composition : Dominique Guillaumin
Achevé d'imprimer
par CPI Firmin-Didot
à Mesnil-sur-l'Estrée, en septembre 2018
Dépôt légal : septembre 2018
Numéro d'imprimeur : 148781

ISBN : 978-2-07-278563-4/Imprimé en France

332456